ARITHMÉTIQUES.

ESSAI

SUR LA RÉSOLUTION DES QUÈSTIONS

QUI CONDUISENT A DES FAITS SEMBLABLES ;

ou

Nouvelle Méthode pour résoudre les questions d'arithmétique qui dépendent des règles de Trois, d'Intérêt , d'Escompte , de Société , d'Alliage et de Fausse Position , ainsi que pour résoudre quelques unes des questions relatives à la mesure des surfaces et des volumes.

IN-8.º DE 70 PAGES, 2 FRANCS,

DEVELOPPEMENS

ARITHMÉTIQUES

SUR

LE CALCUL DES NOMBRES,

PAR UN ANCIEN ÉLÈVE DE MM. DINET ET NAVARRE,
AU COLLÉGE ROYAL DE HENRY IV.

PRIX : 2 F. 50 c.

PARIS,

BACHELIER, SUCCESSEUR DE M.ᵉ V.ᵉ COURCIER,
QUAI DES AUGUSTINS N.º 55.

1832.

DRAGUIGNAN, IMPRIMERIES DE FABRE PÈRE ET FILS.

PROGRAMME.

Du changement d'ordre dans les multiplications et divisions. De la divisibilité des nombres.

De la recherche du plus grand diviseur commun, et du plus petit multiple. Des fractions
irréductibles.

Du calcul des nombres périodiques, incommensurables et fractionnaires.

De l'extraction des racines carrées et cubiques
des nombres. Du calcul des racines.

(Les formes de la géométrie ont été adoptées dans
ces *Développemens*, afin qu'il fût plus facile d'éviter
les cercles vicieux et les raisonnemens incomplets.)

DÉVELOPPEMENS ARITHMETIQ.

est divisi
un ; et
dans
l c.

SUR

LE CALCUL DES NOMBRES.

Du changement d'ordre dans les multiplications et divisions.—De la divisibilité des nombres.

DÉFINITIONS.

I. Une *partie* d'un nombre est un autre nombre qui, ajouté à un troisième, donne une somme égale au premier nombre.

II. Un *facteur* d'un nombre est un autre nombre qui, multiplié par un troisième, donne un produit égal au premier nombre.

III. Un nombre est *multiple* d'un autre lorsqu'il est le produit de cet autre par un entier.

IV. Un nombre est *divisible* par un autre lorsque divisé par cet autre, il donne un entier pour quotient. On dit aussi, dans ce cas, que le second nombre *divise* le premier, ou qu'il est *diviseur* du premier.

V. Le *reste* de la division d'un nombre par un autre, est le nombre d'unités du premier nombre qu'il y a encore à diviser par le second, lorsque toutes les unités entières du quotient ont et obtenues : il suit de là qu'un nombre qui est divisible par un autre, doit donner un reste nul ; et réciproquement. Il en résulte aussi que dans toute division le reste est plus petit que le diviseur.

VI. Un nombre *pair* est un nombre divisible par 2.

VII. Un nombre *impair* est un nombre qui n'est pas divisible par 2 : un nombre impair divisé par 2 donnera donc l'unité pour reste.

PROPOSITIONS.

(1) *Pour multiplier un nombre quelconque,* 236, *par un entier,* 5, *il suffit de multiplier par 5 chacune de ses parties,* 9, 12, 215.

9	12	215
9	12	215
9	12	215
9	12	215
9	12	215

Car si nous écrivons sur la même ligne horizontale les trois parties de 236, et que nous écrivions chacune d'elles au-dessous d'elle même, d'abord une première fois, puis une seconde, une troisième et une quatrième fois, il est clair que la somme des nombres ainsi écrits dans des lignes horizontales, sera égale à 236 pris 5 fois, ou multiplié par 5. Or ces mêmes nombres peuvent aussi être regardés comme écrits suivant des lignes verticales, et en les comptant ainsi, on voit aisément que leur somme se compose des par-

ties de 236 prises 5 fois chacune; d'où il suit
que le nombre composé des parties de 236 multipliées chacune par 5, est égal à 236 multiplié
lui-même par 5.

Puisque, pour rendre un nombre quelconque
5 fois plus grand, il suffit de rendre chaque partie 5 fois plus grande, il en résulte nécessairement que, pour rendre un nombre donné 5 fois
plus petit, il suffit de rendre chacune de ses
parties 5 fois plus petites ; car si les parties d'un
nombre sont 5 fois plus petites que celles d'un
autre, les parties de ce dernier nombre seront
donc 5 fois plus grandes que celles du premier,
et le dernier nombre sera 5 fois plus grand que
le premier, ou bien, le premier nombre sera
5 fois plus petit que le dernier. Ainsi l'on voit
que, *pour diviser un nombre quelconque par
un entier, il suffira de diviser chacune de ses
parties par l'entier, et de réunir entre eux les
différents quotients partiels que l'on aura.*

Un nombre sera donc divisible par un autre,
lorsque chacune de ses parties sera divisible par
cet autre nombre.

(2) *Le produit de deux facteurs ne change
pas en changeant l'ordre des facteurs; ainsi
je dis que le produit de* 24 *par* 35 *est égal au
produit de* 35 *par* 24.

Car, pour avoir le produit de 24 par 35, on peut multiplier par 35 chaque unité de 24, et réunir entre eux les 24 produits partiels que l'on aura ; or le produit de chaque unité par 35 donnera 35 ; donc les 24 produits réunis donneront 24 fois 35 ; donc le produit de 24 par 35 est égal à 24 fois 35, ou à 35 multiplié par 24.

(3) *En général, un produit de plusieurs facteurs ne change pas en changeant l'ordre de ses facteurs : je dis, par exemple, que le produit de 2. 4. 6. 9. 5. 7. 3, ne changera pas en changeant l'ordre de ses facteurs.*

Si nous prouvons qu'on ne changera pas ce produit, en changeant l'ordre de deux facteurs consécutifs quelconques, 9 et 5 par exemple, alors il est visible qu'il sera prouvé par là que, sans changer le produit, on peut avancer ou reculer d'un rang un facteur quelconque du produit ; et comme ce changement pourra être répété autant de fois que l'on voudra, on conçoit qu'un facteur quelconque pourra être mis à la place qu'on voudra, et que l'on pourra par suite changer comme on voudra l'ordre de tous les facteurs, sans changer le produit. Tout revient donc à faire voir qu'il y a égalité entre ces deux produits :

$$2.\ 4.\ 8.\ 6.\ \overline{9.\ 5}.\ 7.\ 3.$$
$$2.\ 4.\ 8.\ 6.\ \overline{5.\ 9}.\ 7.\ 3.$$

Or, puisque 9. 5 est égal à 5. 9, il est clair que le produit 9. 5. 7. 3 égalera le produit 5. 9. 7. 3; d'où il suit, en passant à des produits concrets semblables, que le produit de

1 mètre *par* 9 *par* 5 par 7 par 3,

sera égal à celui de

1 mètre *par* 5 *par* 9 par 7 par 3.

Mais il est évident que l'on ne changera pas l'égalité de ces produits en remplaçant un mètre par une unité concrète quelconque, ou par une grandeur quelconque, et, par suite, en le remplaçant par le produit de 2 par 5 par 4 par 8 par 6; en conséquence, l'on voit que le produit de

2 par 4 par 8 par 6 *par* 9 *par* 5 par 7 par 3,

est effectivement égal au produit de

2 par 4 par 8 par 6 *par* 5 *par* 9 par 7 par 3.

On voit donc aussi que les produits composés des mêmes facteurs seront toujours égaux, quelque soit l'ordre que l'on aura suivi dans la multiplication de leurs facteurs ; ce qu'il fallait prouver (*Voy. additions pag.* 135).

(4) *Multiplier un nombre quelconque* 2, *successivement par plusieurs entiers* 3, 5, 9, 4, 6, 8, *c'est multiplier ce nombre par le produit de tous ces entiers* 3, 5, 9, 4, 6, 8.

Car si, dans le produit de 2 par 3 par 5 par 9 par 4 par 6 par 8, on fait passer le premier facteur à la dernière place, alors on verra que ce produit peut se former en multipliant 3 par 5 par 9 par 4 par 6 par 8 et par 2; ce qui conduira visiblement à multiplier le produit des facteurs 3, 5, 9, 4, 6, 8, par le facteur 2, ou bien à multiplier 2 par le produit de ces facteurs 3, 5, 9, 4, 6, 8.

(5) *En général, un produit de plusieurs facteurs* 2, 3, 5, 9, 4, 6, 8, *ne change pas en réunissant, par voie de multiplication, plusieurs de ses facteurs en un seul : en réunissant, par exemple, en un seul facteur les facteurs* 3, 6, 9.

Car si, dans le produit proposé, on change l'ordre des facteurs de manière à faire occuper les premières places aux facteurs 3, 6, 9, on voit que le produit résultant, et, par suite, le produit proposé, pourra s'obtenir en multipliant d'abord 3 par 6 et par 9; ce qui conduira à un facteur unique, 162, qui pourra être substitué à ces facteurs 3, 6, 9.

Il suit de là qu'un produit de plusieurs facteurs peut être considéré comme égal à l'un d'eux multiplié par le produit de tous les autres : *Un produit est donc multiple* (III) *de l'un quelconque de ses facteurs.*

(6) *Si l'on divise un nombre, 360, successivement par plusieurs autres 6, 4, 5, 3,
on divisera ce nombre par le produit de tous
les autres.*

Car, si on divise 360 successivement par 6,
4, 5, 3, on obtiendra successivement des quo-
tiens égaux aux fractions $\frac{360}{6}$, $\frac{360}{6.4}$, $\frac{360}{6.4.5}$, $\frac{360}{6.4.5.3}$; On
aura donc définitivement un quotient égal à $\frac{360}{6.4.5.3}$,
et par conséquent égal au quotient de 360 par
le produit 6. 4. 5. 3.

Nous voyons par là que, *lorsqu'un nombre
sera divisible (iv) successivement par plusieurs autres, il le sera nécessairement par
leur produit.*

(7) *Si l'on multiplie ou si l'on divise un
facteur d'un produit par un nombre, on multipliera ou l'on divisera le produit par ce
nombre.*

Car ce produit pouvant être formé en multipliant l'un de ses facteurs par l'entier qui ré-
sultera du produit des autres facteurs [5], ce
produit pourra être considéré comme composé
de plusieurs parties égales à ce facteur, ainsi
en multipliant ou en divisant ce facteur par un
certain nombre, on multipliera ou l'on divisera
par ce nombre les parties dont se compose le
produit ; donc ce produit sera lui-même multiplié ou divisé par le même nombre [1].

(14)

Un produit ne changera donc pas lorsque, multipliant un facteur par un certain nombre, l'on
divisera un autre facteur par le même nombre.

De la même proposition, nous conclurons
encore, *que tout nombre qui divise un facteur d'un produit, doit diviser le produit lui-
même*, puisque pour diviser ce produit, on
pourra diviser le facteur divisible ; ce qui conduira évidemment à un quotient entier : ce nouveau résultat prouve de plus que, *tout
nombre qui en divise un autre, doit diviser
un multiple quelconque de cet autre.*

(8) *Si dans le produit* 40. 15. 8. 2. 12, *on
multiplie ou l'on divise les facteurs* 40 , 8 , 12
respectivement par les nombres 5 , 4 , 3, *on
multipliera ou l'on divisera le produit par celui des nombres* 5 , 4 , 3.

En effet, si dans le produit proposé, on multiplie ou l'on divise le facteur 40 par 5, puisque dans le résultat, on multiplie ou l'on divise le facteur 8 par 4, et dans le nouveau résultat, le facteur 12 par 3, il est manifeste
que l'on multipliera ou que l'on divisera successivement le produit proposé par les nombres 5, 4, 3; donc ce produit sera multiplié
ou divisé par le produit 5. 4. 3.

Nous voyons donc que , *si les facteurs
d'un produit étaient divisibles par différens*

nombres, *ce produit serait lui-même divisible par le produit de tous ces nombres ;* car pour diviser le premier produit par le second, on pourrait diviser respectivement les facteurs divisibles du premier produit par les facteurs du second qui les divisent; ce qui conduirait évidemment à un quotient entier.

On voit de plus que, *Si dans un produit, on supprime plusieurs facteurs, on divise le produit par celui des facteurs supprimés ;* car supprimer des facteurs dans un produit revient à diviser chacun de ces facteurs par lui même. Mais pour démontrer cette proposition plus directement, nous observerons que le produit proposé pouvant se former en multipliant par le produit des facteurs à supprimer, le produit des facteurs qui doivent rester, il faut nécessairement que ce dernier produit soit le quotient du produit proposé par le produit des facteurs à supprimer.

Pour abréger nous regarderons comme prouvées, pour les fractions, toutes les propositions que nous venons de démontrer sur les changemens d'ordre dans les multiplications et divisions. De plus, puisque multiplier un nombre par une fraction, c'est multiplier ce nombre par un entier et diviser le résultat par un autre entier, nous admettrons encore que pour multiplier ou diviser un nombre par une fraction,

on peut multiplier ou diviser chaque partie de
ce nombre par la même fraction : plus tard
(C. 54), nous donnerons une démonstration de
ce principe, qui conviendra à toutes sortes de
nombres.

(9) *Si un nombre renferme une partie divisible par un autre nombre, le reste de la
division de l'autre partie par le second nombre, sera le même que le reste de la division du premier nombre par le second.*

Car cette division du premier nombre par le
second pourra s'effectuer en divisant d'abord sa
partie divisible, et il ne restera plus ensuite
qu'à diviser son autre partie par le second nombre ; d'où il suit que les unités qui formeront le
reste de cette dernière division, seront le reste
même où conduit la division du premier nombre
par le second.

(10) *Un nombre est ou n'est pas divisible par
2, selon que son dernier chiffre est ou n'est
pas lui même divisible par 2.*

En effet, ce nombre peut être considéré
comme composé de deux parties ; l'une formée
de toutes ses dixaines, et l'autre égale au chiffre
de ses unités ; or 10 étant divisible par 2, la
première partie sera évidemment divisible par
2 ; le nombre proposé divisé par 2 donnera donc
le même reste que le chiffre de ses unités di-

visé par 2 ; d'où il suit que ce n'est qu'autant que ce chiffre ne sera pas divisible par 2 , que le nombre proposé ne sera pas lui-même divisible par 2.

On prouverait de la même manière qu'un nombre est ou n'est pas divisible par 5 , selon que son dernier chiffre est ou n'est pas lui-même divisible par 5. D'ailleurs , puisque 100 est divisible par 4 et par 25 ; que 1000 est divisible par 8 et 125 , on comprend qu'en suivant la même marche , il sera facile d'établir , 1.º Qu'un nombre est ou n'est pas divisible soit par 4 , soit par 25 , selon que le nombre formé par ses deux derniers chiffres , est ou n'est pas divisible soit par 4 , soit par 25 ; 2.º Qu'un nombre est ou n'est pas divisible , soit par 8 , soit par 125 , selon que le nombre formé par ses trois derniers chiffres , est ou n'est pas lui-même divisible soit par 8 , soit par 125.

(11) *Un nombre quelconque , 7843 , est ou n'est pas divisible par 9 , selon que la somme de ses chiffres est ou n'est pas elle-même divisible par 9.*

On voit d'abord que 7843 est la somme des nombres 7000 , 800 , 40 , 3 , qui expriment les valeurs de ses différens chiffres ; Or , 7000 ou 7 fois 1000 , se compose évidemment de 7 fois 1 et de 7 fois 999 ; mais ce dernier produit est

divisible par 9 ; donc 7000 se composera de 7
et d'un nombre divisible par 9. Par la même
raison , on voit que 800 se composera de 8 et
d'un nombre divisible par 9, et que 40 se composera de 4 et d'un nombre divisible par 9 ; le
nombre proposé, ou la somme des nombres
7000 , 800 , 40 , 3 , sera donc composé de plusieurs parties les unes divisibles par 9 , et les
autres égales à ses différens chiffres 7 , 8 , 4 , 3 ;
si donc on réunit entre elles les parties divisibles,
et les différens chiffres entre eux , il est visible
que le nombre proposé renfermera alors deux
parties ; l'une divisible par 9 , et l'autre égale
à la somme de ses chiffres , d'où il suit que ce
n'est qu'autant que cette somme de chiffres ne
sera pas divisible par 9 , que le nombre proposé
ne sera pas lui-même divisible par 9 ; ce qu'il
fallait démontrer.

Puisque d'après cette démonstration , un nombre quelconque se compose de deux parties ;
l'une divisible par 9, l'autre égale à la somme
de ses chiffres , on conçoit que le reste de la
division d'un nombre par 9, s'obtiendra en divisant par 9 la somme de ses chiffres , ou seulement la somme de ses chiffres autres que 9 ;
mais cette dernière somme sera un nombre dont
le reste de la division par 9, s'obtiendra aussi
en divisant par 9 la somme de ses chiffres autres
que 9 ; par conséquent, si l'on répète la même

remarque sur toutes les sommes auxquelles on pourra arriver ainsi, on conçoit que l'on sera conduit à cette règle :

Pour avoir le reste de la division d'un nombre par 9, on peut, faisant toujours abstraction des chiffres 9, ajouter d'abord tous les chiffres du nombre proposé, ensuite tous les chiffres de la somme ; puis tous ceux de la nouvelle somme ; et ainsi de suite, jusqu'à ce que l'on parvienne à un résultat d'un seul chiffre qui sera le reste demandé.

Nous remarquerons en outre que les raisonnements que nous venons de faire sur le diviseur 9, pourraient être répétés sur le diviseur 3, et qu'ils conduiraient à des résultats entièrement semblables à ceux que nous venons d'établir.

(12) *Si l'on divise par 9 le produit des restes de deux nombres divisés chacun par 9, on aura le même reste qu'en divisant par 9 le produit de ces deux nombres :* Ainsi les nombres 787 et 375, divisés chacun par 9, donnant respectivement les restes 4 et 6, prouvons qu'en divisant par 9 le produit 24 de ces restes, on aura le même reste qu'en divisant par 9, le produit des nombres 787 et 375.

Puisque 787 divisé par 9 donne 4 pour reste, 787 se composera d'un multiple de 9 et de ce reste 4 ; donc 787 multiplié par 375 se composera *d'un produit partiel divisible par* 9, et de 4 fois 375 ; mais 375 se composant d'un multiple de 9 et du reste 6, 4 fois 375 se composera *d'un produit partiel divisible par* 9, *et de 4 fois 6*. Réunissant alors les deux produits partiels di-visibles par 9, ce qui donnera un nombre encore divisible par 9, on voit que le produit de 787 par 375 se composera *d'un nombre divisible par* 9, *et de 4 fois* 6 ; donc ce produit divisé par 9, donnera le même reste que sa partie 4 fois 6 divisée par 9 [9] ; ce qu'il fallait démontrer.

Ce que nous venons de prouver pour le diviseur 9, pouvant être prouvé par un diviseur quelconque, nous en conclurons, 1.° Que si on multiplie deux nombres impairs (VII), on aura un produit impair ; 2.° Que si l'on divise par 5 le dernier chiffre du produit de deux nombres, on aura le même reste qu'en divisant par 5 le produit des derniers chiffres de ces nombres ; 3.° Que si l'on divise par 4, ou par 25, le nombre formé par les deux derniers chiffres d'un produit de deux nombres, on aura le même reste qu'en divisant par 4, ou par 25, le produit des nombres formés par les deux derniers chiffres des nombres multipliés.

Si après avoir multiplié deux nombres, le produit obtenu ne jouissait pas des propriétés précédentes, il est clair que ce nombre ne serait pas le véritable produit ; par suite on comprend que ces propriétés peuvent servir à faire la preuve de la multiplication. Pour l'ordinaire on se contente d'examiner si le produit satisfait au résultat relatif à la divisibilité par 9 : ainsi pour reconnaître si 423405 est le produit de 485 par 873, on calculera, d'après la règle donnée, les restes de ces trois nombres divisés respectivement par 9, et l'on comparera le premier reste à celui que l'on aurait en divisant par 9 le produit des deux autres restes. Si les restes comparés sont inégaux, il y aura nécessairement erreur dans les opérations ; si au contraire les restes sont égaux, alors le nombre écrit au produit pourra être le véritable produit, ou pourra n'en différer que d'un multiple de 9. La même propriété peut encore servir à reconnaître si une division a été bien faite. Pour vérifier, par exemple, si en divisant 423727 par 485, on doit avoir 873 pour quotient entier, et 322 pour reste, on retranchera du dividende 423727 le reste 322, puis on cherchera à reconnaître, en suivant la marche précédente, si la différence 423405, peut être le produit de 485 par 873.

(13) *Tout nombre pair divisible par* 3 , *est divisible par* 2 *fois* 3.

Car ce nombre pair ne pouvant être le produit de deux impairs (C. 12.), on voit qu'en le divisant par 3, il donnera un quotient pair, donc ce nombre sera divisible successivement par 3 et par 2, et en conséquence par 2 fois 3 : on prouverait de même que tout nombre pair divisible par 9 est divisible par 2 fois 9.

On peut aussi prouver, par un raisonnement semblable, que tout nombre divisible par 5 et par 9, est divisible par 5 fois 9 : car le dernier chiffre de ce nombre devant être divisible par 5, on voit qu'en divisant ce nombre par 9, on obtiendra un quotient entier, dont le dernier chiffre multiplié par 9, donnera un produit également divisible par 5 (c. 12.) ; ainsi ce dernier chiffre sera divisible lui-même par 5; donc le nombre proposé sera divisible successivement par 9 et par 5, ou par 5 fois 9.

De la recherche du plus grand diviseur commun, et du plus petit multiple. Des fractions irréductibles.

DÉFINITIONS.

VIII. Un nombre est *diviseur commun* à plusieurs autres nombres, lorsqu'il divise exactement chacun de ces autres nombres.

IX. Un nombre est *le plus grand diviseur commun* à d'autres nombres, lorsqu'il est le plus grand nombre qui divise exactement chacun de ces autres nombres.

X. Deux nombres sont *premiers entre eux*, lorsqu'ils n'ont pas d'autre diviseur commun que l'unité.

XI. Un nombre *premier*, ou un nombre *premier absolu*, est un nombre qui n'est divisible que par lui-même ou par l'unité.

XII. Un nombre est *multiple de plusieurs autres nombres*, lorsqu'il est divisible par chacun de ces autres nombres.

XIII. Un nombre est *le plus petit multiple de plusieurs autres nombres*, lorsqu'il est le plus petit nombre divisible pour chacun de ces autres nombres.

XIV. Une fraction est *irréductible*, lorsque sa valeur ne peut être exprimée par une autre fraction ayant des termes plus simples.

PROPOSITIONS.

(14) *Si deux nombres sont divisibles par un troisième, leur somme ou leur différence sera aussi divisible par ce troisième nombre.*

Car chacun des deux premiers nombres pouvant être envisagé comme composé d'une ou de plusieurs parties égales à ce troisième nombre, on conçoit qu'en ajoutant ou en retranchant ces deux nombres, on aura nécessairement un résultat composé d'une ou de plusieurs parties égales à ce troisième nombre , et par suite divisible par ce troisième nombre.

De là nous conclurons de nouveau, qu'un nombre multiple d'un autre est divisible par tout diviseur de cet autre nombre, car le premier nombre se composera évidemment de plusieurs parties égales au second , et par suite de parties divisibles par tout diviseur de ce second nombre.

(15) *Trouver le plus grand commun diviseur de deux nombres donnés*, 637 *et* 143.

Pour déterminer ce nombre observons d'abord que, devant diviser 143 , il sera tout au plus égal à 143 ; divisons donc 637 par 143 , afin de reconnaître si 143 est lui-même le plus grand commun diviseur cherché. Or, en effectuant cette division , on trouve 4 au quotient et 65 pour reste ; 143 ne sera donc pas le nombre cherché. Mais observons que tout nombre qui divisera 637 et 143 , et par suite 4 fois 143 , devra diviser 65 , différence des deux nombres divisibles 637 et 4 fois 143 (14) ; de plus il est clair que tout nombre qui divisera 65 et 143 , divisera 4 fois 143 , et par conséquent divisera 637 qui est la somme des deux nombres divisibles 65 et 4 fois 143. Or tout diviseur commun à 637 et à 143, divisant 63, sera évidemment un diviseur commun à 65 et à 143 ; de même, tout diviseur commun à 65 et à 143, divisant 637, sera aussi un diviseur commun à 637 et à 143 ; donc ces nombres 637 et 143 ont les mêmes communs diviseurs que les nombres 143 et 65, ainsi pour trouver le plus grand commun diviseur des nombres 637 et 143, nous n'aurons qu'à chercher celui qui existe entre 143 et 65. Mais comme en divisant 143 par 65, on trouve 13 pour reste, on conçoit que, par un raisonnement semblable à celui de la division précédente, on prouverait que le nombre cherché doit être égal au plus grand diviseur commun de 65 et de 13 ; et puisque la division de 65 par 13 donne un entier pour quotient exact, il s'ensuit que 13 est le plus grand commun diviseur entre 65 et 13 ; donc 13 sera aussi le plus grand commun diviseur entre 65 et 143, et par suite entre 637 et 143.

La recherche du plus grand commun diviseur des nombres proposés, 637 et 143, donnera donc lieu à cette suite de divisions :

637	143	65	13
	4	2	5
65	13	00	

Comme on voit aisément qu'un procédé sem-

blable conduirait an plus grand commun diviseur de deux nombres quelconques, il est évident que nous pouvons établir cette règle :

*Pour obtenir le plus grand commun divi-
seur de deux nombres, on divisera le plus
grand nombre par le plus petit, puis le plus
petit par le reste obtenu, ensuite le premier
reste par le second ; et ainsi de suite jusqu'à
ce que l'on soit parvenu à un reste qui divise exactement le précédent, et qui devra
être le plus grand commun diviseur cherché.*

Nous devons observer ici que les raisonnemens employés dans cette proposition et la
précédente, subsistent encore quand on suppose
que les diviseurs communs, dont il a été question, sont des nombres autres que des entiers,
et qu'ainsi la théorie du plus grand diviseur
commun est établie sans présupposer implicitement que le plus grand commun diviseur doive
être un nombre entier.

Si en cherchant, d'après la règle donnée, le
plus grand commun diviseur de deux nombres,
on arrivait à un dernier diviseur égal à l'unité,
il est clair que, dans ce cas, ces deux nombres
n'auraient pas d'autre diviseur commun que l'u-
nité, et qu'ainsi ils seraient premiers entre eux.

Remarquons enfin qu'un nombre premier absolu n'étant divisible que par lui-même ou par
l'unité, il est évident qu'avec tout nombre qu'il

ne divisera pas , il ne pourra avoir d'autre diviseur commun que l'unité ; d'où il suit qu'un
nombre premier absolu est nécessairement premier avec tout nombre qu'il ne divise pas.

(16) *Trouver la plus grande mesure commune à deux longueurs données*, 637 *pieds
et* 143 *pieds.*

Observons d'abord que la longueur cherchée
devant mesurer exactement 144 pieds , sera
tout au plus égale à 143 pi. ; or, en comparant
637 pi. à 143 pi. , pour savoir si la longueur de
143 pi. est elle-même la mesure demandée, on
trouve que 637 pi. contiennent 4 fois 143 pi. ,
plus un reste de 65 pi. ; 143 pi. ne sera donc pas
la mesure commune cherchée ; mais le reste
65 pi. étant la différence de 637 pi. à 4 fois 143 pi. ,
l'on voit que si ces deux longueurs étaient rap-
portées à une mesure quelconque commune à
637 pi. et à 143 pi. , leur différence 65 pi. rap-
portée à cette commune mesure, se trouverait
exprimée par un nombre entier ; cette mesure
commune à 637 pi. et à 143 pi. , serait donc aussi
une mesure exacte de 65 pi. , et par suite une commune mesure de 143 pi. et de 65 pi. ; d'ailleurs ,
il est visible que toute mesure commune à ces
longueurs 143 pi. et 65 pi. , mesurera exactement
637 pi. , et sera par conséquent une mesure commune à 637 pi. et à 143 pi. ; ainsi nous voyons

que les longueurs de 637 $^{pi.}$ et de 143 $^{pi.}$ ont les
mêmes mesures communes que celles de 143 $^{pi.}$
et de 65 $^{pi.}$, et qu'en conséquence, pour trouver la mesure cherchée, nous n'aurons qu'à déterminer la plus grande mesure commune à
143 $^{pi.}$ et à 65 $^{pi.}$

Sans prolonger davantage le raisonnement et
le calcul, il est clair que nous pouvons, dès maintenant, regarder comme prouvé que, dans la recherche de la plus grande mesure commune à
deux nombres concrets, il faudra opérer comme
si ces nombres étaient abstraits, et considérer
le résultat de l'opération comme un nombre
de leur espèce.

(17) *Tout diviseur commun à deux nombres divise leur plus grand commun diviseur.*

Car ces deux nombres doivent avoir les mêmes communs diviseurs que le dividende et le
diviseur de la dernière des divisions que l'on
fera pour trouver leur plus grand commun diviseur; ainsi tout diviseur commun à ces deux
nombres, devra donc diviser le diviseur de la
dernière division, ou le plus grand commun diviseur aux deux nombres.

(18) *Le plus grand diviseur commun à
trois nombres 360, 216, 252 est égal au*

plus grand diviseur commun à l'un d'eux
252, et à 72 , le plus grand diviseur com-
mun aux deux autres , 360 et 216.

En effet tout diviseur commun aux trois nombres donnés, devant diviser les deux premiers,
360 et 216, divisera aussi leur plus grand commun diviseur 72 ; il sera donc un diviseur commun à 72 et au troisième nombre 252. D'ailleurs tout diviseur commun à ces nombres 72 et
252, devant diviser 72, divisera nécessairement
les nombres 360 et 216, divisibles chacun par
72 ; donc ce diviseur commun à 72 et à 252,
sera aussi un diviseur commun aux trois nombres proposés 360, 216, 252. Ainsi les diviseurs communs à ces trois nombres, devront
être les mêmes que les diviseurs communs à 72
et à 252 ; d'où il suit que le plus grand diviseur commun à 72 et à 252 sera le plus grand
diviseur commun aux trois nombres proposés ;
ce qu'il fallait prouver.

Mais comme il suit encore de l'identité des
communs diviseurs , qui vient d'être reconnue,
que tout diviseur commun aux trois nombres
proposés doit diviser leur plus grand commun
diviseur, on fera voir aisément , par un raisonnement semblable au précédent, que le plus
grand diviseur commun à quatre nombres, 360,
216, 252, 44, est égal au plus grand diviseur
commun au dernier de ces nombres, 44, et

à 36, le plus grand diviseur commun aux trois premiers, 36o, 216 et 252. Or on conçoit que, par des moyens encore semblables, on pourra prouver, de proche en proche, la même propriété pour autant de nombres qu'on vondra, et qu'ainsi il nous est permis de conclure que, *pour trouver le plus grand diviseur commun à autant de nombres donnés qu'on voudra, on n'aura qu'à chercher le plus grand diviseur commun, d'abord entre les deux premiers nombres donnés, puis entre le diviseur commun trouvé et le troisième nombre donné, ensuite entre ce dernier commun diviseur et le quatrième nombre donné; et ainsi de suite, jusqu'à ce qu'on ait enfin déterminé le plus grand diviseur commun au dernier nombre donné et au dernier diviseur commun calculé, ce qui donnera le plus grand diviseur commun cherché.*

(19) *Si l'on divise deux nombres par leur plus grand commun diviseur, les quotients que l'on obtiendra, seront premiers entre eux.*

Car si les quotients de ces nombres étaient divisibles chacun par un facteur entier, ces nombres eux-mêmes seraient divisibles successivement par leur plus grand commun diviseur, et par ce facteur entier; donc ils seraient divisibles par le produit de ces diviseurs, et parconséquent par un nombre plus grand que leur plus grand commun diviseur; ce qui est absurde.

(20) *Réciproquement , si deux nombres divisés par un diviseur commun , donnent des quotients premiers entre eux , ce diviseur commun sera le plus grand diviseur commun à ces deux nombres.*

En effet, si le diviseur commun supposé n'était pas le plus grand commun diviseur, il devrait du moins le diviser; et le plus grand commun diviseur serait le produit d'un entier par ce diviseur ; les deux nombres donnés seraient donc divisibles successivement par ce même diviseur et par un autre entier ; ainsi quand les deux nombres donnés auraient été divisés par le diviseur commun supposé , les quotients que l'on aurait, ne seraient pas premiers entre eux ; ce qui est absurde ; donc il est également absurde que le diviseur en question ne soit pas le plus grand diviseur commun aux deux nombres donnés.

(21) *Si l'on multiplie deux nombres ,* 1040 *et* 960 *par un même nombre* 22 *, on multipliera leur plus grand commun diviseur* 80 *, par le multiplicateur* 22.

En effet, si pour diviser les deux produits 22 fois 1040 et 22 fois 960, par le produit

22 fois 80, on divise chacun de ces deux produits successivement par 22 et par 80, il est visible que les quotients que l'on aura, $\frac{1040}{30}$ et $\frac{960}{80}$, seront des nombres premiers entre eux [19]; donc les deux produits 22 fois 1040 et 22 fois 960, auront pour plus grand commun diviseur le produit 22 fois 80. [20]

Autre démonstration. Si le plus grand commun diviseur des nombres 1040 et 960 est égal à 80 ; celui des produits 1 [mèt]. 1040 et 1 [mèt]. 960 sera donc égal au produit 1 [mèt]. 80 [16]. Mais, dans ces trois produits, on peut évidemment remplacer 1 [mèt.] par une unité concrète quelconque, ou par une grandeur quelconque, et en conséquence par le nombre 22 ; donc le plus grand commun diviseur des produits 22. 1040 et 22. 960 sera égal à 22. 80.

De là il résulte que si deux nombres étaient respectivement 22 fois plus petits que deux autres, leur plus grand commun diviseur serait aussi 22 fois plus petit que celui des deux autres nombres ; ainsi nous pouvons dire que, *si l'on divise deux nombres par un troisième, on divisera leur plus grand commun diviseur par ce troisième nombre.*

(22) *Si un produit de deux facteurs, 37. 216, est divisible par un nombre, 54, premier avec l'un de ses facteurs, 37, l'autre*

facteur , 216 , sera divisible par le même di-viseur 54.

Puisque 54 et 37 sont premiers entre eux , leur plus grand commun diviseur sera l'unité ; donc les produits 216 fois 54 et 216 fois 37 , auront 216 pour plus grand diviseur commun [21] ; or nous savons que tout diviseur commun à deux nombres, doit diviser leur plus grand commun diviseur ; donc 54 qui divise 216 fois 54 et le produit proposé 216. 37, divisera leur plus grand commun diviseur 216.

(23) *Si un nombre, 420, est divisible par les nombres 3 , 7 , 5 , 4 , premiers entre eux , le nombre 420 sera divisible par le produit de ces nombres premiers entre eux.*

En effet, puisque 420 est divisible par 3 , il sera le produit de 3 par un quotient entier ; mais comme ce produit doit être divisible par les nombres 7 , 5 , 4 , et que chacun de ces diviseurs est premier avec le diviseur 3 , il s'ensuit que le quotient entier de 420 par 3 , sera lui même divisible par les diviseurs 7 , 5 , 4. Par un raisonnement semblable , on prouverait que ce quotient donnerait , divisé par 7 , un autre quotient entier divisible par les autres diviseurs 5 , 4 ; et que ce nouveau quotient divisé par 5 , donnerait un troisième quotient entier divisible par 4 ; d'où il suit évidemment que le nombre

420 sera successivement divisible par les diviseurs 3, 7, 5, 4, et qu'il sera par conséquent divisible par le produit de tous ces diviseurs.

Nous conclurons de là, que si un nombre pair est divisible pas 3, ou par 9, il sera divisible par 2 fois 3, ou 2 fois 9 ; que si dans un nombre divisible par 3, ou par 9, les deux derniers chiffres forment un autre nombre divisible par 4, le premier nombre sera divisible par 4 fois 3, ou par 4 fois 9.

(24) *Tout nombre, comme 41, qui est premier avec un produit, 5, 8, 12, 7, est premier avec chaque facteur de ce produit.*

Car, s'il en était autrement, il y aurait donc un nombre qui diviserait à la fois 41, et l'un des facteurs du produit 5. 8. 12. 7, et par suite ce produit lui-même (c. 6.) ; il serait donc aussi un diviseur commun à 41 et au produit ; ce qui est absurde ; donc il est impossible que 41 ne soit pas premier avec chaque facteur du produit proposé.

(25) *On ne change pas le plus grand commun diviseur de deux nombres, 648 et 240, en multipliant l'un deux, 648, par un nombre 49 premier avec l'autre 240.*

En effet, tout diviseur commun à 49 fois 648 et à 240, devant être facteur de 240, sera visiblement premier avec le facteur 49 du produit 49 fois 648 (24) ; donc il devra diviser l'autre facteur 648 ; ainsi tout diviseur commun à 49 fois 648 et à 240, sera un diviseur commun à 648 et à 240. D'ailleurs il est manifeste que tout diviseur commun à 648 et à 240 est un diviseur commun à 49 fois 648 et à 240 ; par conséquent l'on voit que ces nombres 648 et 240 ont les mêmes communs diviseurs que les nombres 49 fois 648 et 240, et par suite, que l'on n'a pas changé le plus grand diviseur commun aux nombres 648 et 240, en multipliant 648 par un nombre 49, premier avec 240.

Comme on voit également que l'on ne changerait pas le plus grand commun diviseur des nombres 49 fois 648 et 240, en supprimant dans le nombre 49 fois 648 le facteur 49, nous en conclurons que, *l'on ne change pas non plus le plus grand commun diviseur de deux nombres en divisant l'un d'eux par un nombre premier avec l'autre, ou en supprimant dans l'un d'eux un facteur premier avec l'autre.*

(26) *Si un nombre, 27, est premier avec les différens facteurs 8, 7, 5, 10, d'un produit 8. 7. 5. 10, il sera premier avec ce produit.*

Car alors il est visible que le plus grand di-

viseur commun entre 27 et 8. 7. 5. 10 , ne
changera pas en supprimant successivement dans
le produit les facteurs 8 , 7 , 5 , premiers chacun avec 27 ; donc le nombre 27 et le produit
proposé 8. 7. 5. 10 auront le même plus grand
diviseur commun que les nombres 27 et 10. Or
l'unité est le plus grand diviseur commun entre
ces dernier nombres ; donc l'unité sera aussi le
plus grand diviseur commun entre 27 et 8. 7.
5. 10 ; donc ces deux nombres seront premiers
entre eux.

(27) *Le plus grand diviseur commun à
deux nombres étant connu , trouver celui
qui existe entre l'un de ces nombres et le
produit de l'autre par un multiplicateur
quelconque.*

Ainsi, sachant que 3 est le plus grand commun diviseur des nombres 17640 et 57 , cherchons celui qui existe en 17640 et le produit
de 57 par 36.

Si 3 est le plus grand commun diviseur des
nombres 17640 et 57 , les quotients $\frac{17640}{3}$ et $\frac{57}{3}$
seront donc premiers entre eux. Mais, d'ailleurs,
le plus grand diviseur commun à 17640 et à
36 fois 57 est visiblement 3 fois plus grand que
celui des nombres $\frac{17640}{3}$ et 36 fois $\frac{57}{3}$, ou que
celui des nombres $\frac{17640}{3}$ et 36 , à cause des quotients $\frac{17640}{3}$ et $\frac{57}{3}$, premiers entre eux [25] ; ainsi

comme entre ces derniers nombres le plus grand diviseur commun est 4, il s'ensuit que le produit 3. 4 sera le plus grand diviseur commun à 17640 et à 36 fois 57. De là on peut aisément conclure que, *lorsque le plus grand commun diviseur de deux nombres sera connu, on aura celui qui existe entre le premier de ces nombres et le produit de l'autre par un multiplicateur quelconque, en multipliant le plus grand commun diviseur connu par celui qui existera entre le multiplicateur et le quotient du premier nombre par le plus grand commun diviseur connu.*

(28) *Déterminer le plus grand commun diviseur de deux nombres, dont l'un est un produit : déterminer, par exemple, le plus grand diviseur commun aux nombres 17640 et 57. 36. 30. 77.....*

Puisque le plus grand commun diviseur des nombres 17640 et 57 est 3, celui qui existera entre 17640 et 57 multiplié par 36, sera égal au produit de 3 par le plus grand diviseur commun, 4, qui existe entre le facteur 36 et $\frac{17640}{3}$, égal à 5880 ; de même, puisque le plus grand diviseur commun aux nombres 17640 et 57. 36 est 3. 4, celui qui existera entre 17640 et 57. 36 multiplié par 30, sera égal au précédent, 3. 4. multiplié par le plus grand commun diviseur 10 du facteur 30 et de $\frac{17640}{3.4}$, égal à 1470 ; de même encore, puisque le plus grand diviseur commun aux nombres 17640 et 57. 36. 30, est 3. 4. 10, celui qui existera entre 17640 et 57. 36. 30 multiplié par 77, sera égal au précédent, 3. 4. 10, multiplié par le plus grand commun diviseur 7 du facteur 77 et du quotient $\frac{17640}{3.4.10}$, égal à 147. Or comme en continuant ainsi, on pourrait parvenir à trouver le plus grand diviseur commun au nombre 17640 et à un produit, 57. 36. 30. 77...., composé d'autant de facteurs que l'on voudrait, il est facile de comprendre qu'en définitif, *pour avoir ce plus grand commun diviseur, il suffira de faire le produit des plus grands communs diviseurs que l'on trouvera entre chaque facteur du produit et l'autre nombre,* 17640, *divisé au fur et à mesure par chaque plus grand commun diviseur trouvé.*

Si les nombres 3, 4, 10, 7, pris pour des plus grands communs diviseurs, n'étaient toutefois que de simples diviseurs communs, il est visible que leur produit serait encore un diviseur commun au produit des facteurs 57, 36, 30, 77, et au nombre 17640, puisque ces facteurs seraient encore respectivement divisibles par 4, 3, 10, 7, et que 17640 serait encore successivement divisible par ces mêmes diviseurs.

(29) *Le plus petit multiple de deux nombres, 648 et 240, est égal à l'un deux, 648,
multiplié par le quotient, 10, de l'autre divisé par le plus grand commun diviseur, 24,
de ces deux nombres.*

Car les facteurs du produit 648. 10 étant
respectivement divisibles par les facteurs 24 et
10 de 240, ce produit 648, 10, divisible par
648, sera de plus divisible par 240 ; il sera
donc multiple de 648 et de 240. D'ailleurs si
nous observons que le plus petit multiple de
6428 et de 240 sera nécessairement le produit
de 648 par un certain entier inconnu, et que
ce produit sera divisible par 240, il est clair
que le produit de $\frac{648}{24}$ par l'entier inconnu, sera
divisible par $\frac{240}{24}$, facteur entier de 240 ; or les
quotients $\frac{648}{24}$ et $\frac{240}{24}$ sont premiers entre eux (19) ;
donc l'entier inconnu sera lui-même divisible
par $\frac{240}{24}$ ou par 10 (22) ; ainsi le plus petit multiple de 648 et 240 sera donc le produit de
648 par un entier divisible par 10 ; donc il ne
saurait être plus petit que 648. 10 ; donc le
produit 648. 10, qui est multiple de 648 et
de 240, sera lui même le plus petit multiple
de ces deux nombres.

Si le diviseur commun 24 n'était pas le plus
grand commun diviseur commun aux nombres
648 et 240, alors le produit de 648 par $\frac{240}{24}$
ou par 10, ne serait plus égal au plus petit

multiple de 648 et de 240 ; toutefois il est évi_
dent que ce produit 648. $\frac{240}{24}$ serait toujours un
multiple des mêmes nombres, puisque, multi-
ple de 648, ce produit aurait en outre des facteurs divisibles respectivement par les facteurs
24 et 10, dans lesquels se décompose 240.

(30) *Déterminer le plus petit multiple de
deux nombres, lorsque l'un d'eux est un
produit :* cherchons, par exemple, le plus petit
multiple de 17640 et du produit 57. 36. 30. 77.

Si nous connaissions le plus grand commun
diviseur de ces nombres, il est clair qu'après
avoir divisé 17640 par ce diviseur, il n'y aurait
qu'à multiplier le produit 57. 36. 30. 77 par le
quotient trouvé, pour avoir le plus petit multiple demandé. Or si, pour avoir le plus grand
commun diviseur de 17640 et de 57. 36. 30. 77,
on suit la marche expliquée en dernier lieu (28),
on trouve que ce plus grand diviseur commun
est 3. 4. 10. 7, et en même temps, que 147
est le quotient de 17640 par 3. 4. 10 ; par conséquent l'on voit que $\frac{147}{7}$, ou 21, sera le quotient de 17640 par le plus grand commun diviseur 3. 4. 10. 7, et par suite, que 57. 36. 30.
77 multiplié par 21 sera le plus petit multiple
cherché.

Puisque, pour trouver le plus petit multiple
des deux nombres proposés, on n'avait d'abord

qu'à opérer comme dans la recherche du plus
grand commun diviseur, et qu'à continuer ensuite en divisant le dernier quotient, 147, par
son plus grand commun diviseur avec le dernier facteur 77, on doit comprendre, si l'on
se rappelle la règle du plus grand commun diviseur, *que, pour trouver le plus petit multiple de deux nombres, dont l'un est un produit, il suffit de multiplier le produit par le
dernier quotient de l'autre nombre divisé, au
fur et à mesure, par chaque plus grand diviseur qu'il a de commun avec chaque facteur du produit donné.*

Si, dans le calcul précédent, tous les diviseurs
déterminés, 3, 4, 10, 7, n'étaient pas les plus
grands diviseurs communs qu'ils doivent être,
mais seulement de simples diviseurs communs,
alors leur produit 3. 4. 10. 7 ne serait plus que
l'un des diviseurs communs aux nombres proposés, 17640 et 57. 36. 30. 77, au lieu d'être
le plus grand de tous ; en conséquence le produit
de 57. 36. 30. 77. par 21, ou par $\frac{17640}{3.4.10.7}$, ne serait plus égal au plus petit multiple cherché ;
toutefois il est visible que ce produit 57. 36.
30. 77. $\frac{17640}{3.4.10.7}$ serait toujours un multiple des
nombres proposés (C. 29.), puisque, déjà multiple
de 57. 36. 30. 77., il pourrait être considéré
comme composé de deux facteurs, 57. 36. 30.
78 et $\frac{17640}{3.4.10.7}$, respectivement divisibles par les

facteurs 3. 4. 10. 7 et $\frac{17640}{3.4.10.7}$, dans lesquels se décompose l'autre nombre proposé 17640.

(31) *Le plus petit multiple, 36, de plusieurs nombres, 2, 3, 4, 6, 9, 12 et 18, divise exactement tout autre multiple, 720, des
mêmes nombres.*

Car si 720 n'était pas divisible par 36, le
reste de la division de ces deux multiples serait
évidemment divisible par chacun de ces diviseurs communs à ces multiples 720 et 36 (25);
mais le reste de leur division étant, d'ailleurs
plus petit que 36, il existerait donc un nombre
divisible par chacun des nombres précédens 2,
3, 4, 6, 9, 12, 18, et qui serait plus petit que
36; ce qui est contre l'hypothèse; il faut donc
que le multiple 720 soit divisible par le plus
petit multiple 36.

(32) *Le plus petit multiple de plusieurs
nombres . . . . . ., 50, 80, 25, 40, 100, 76,
est égal au plus petit multiple de l'un d'eux,
76, et de . . . 400, le plus petit multiple de
tous les autres.*

En effet tout multiple des nombres . . . . ., 50,
80, 25, 40, 100, 76, étant divisible par chacun des premiers, sera divisible par leur plus
petit multiple . . . 400; il sera donc multiple
de . . . 400 et du dernier nombre 76. D'ailleurs
tout multiple de . . . 400 et de 76, étant divi-

sible par ... 400, sera divisible par chacun des premiers nombres ; donc il sera multiple de ces premiers nombres et du dernier 76. Ainsi on voit que les nombres multiples de ....., 50, 80, 25, 40, 100, 76, seront identiquement les mêmes que ceux qui sont multiples de ... 400 et de 76 ; d'où il suit que le plus petit multiple de ... 400, et de 76, sera aussi le plus petit multiple des nombres ....., 50, 80, 25, 40, 100 et 76.

(33) *Étant donnés plusieurs nombres, 10, 45, 84, 60, 56, trouver leur plus petit multiple.*

Si on divise le second nombre proposé, 45, par le plus grand diviseur qu'il a de commun avec le premier, 10, on trouve 9 pour quotient ; donc le produit de 10 par 9, sera le plus petit multiple des deux premiers nombres donnés 10 et 45. De même, puisque 14 est le dernier quotient que donne 84 divisé au fur et à mesure par chaque plus grand diviseur qu'il a de commun avec les facteurs 10 et 9 du plus petit multiple trouvé, il s'ensuit que le produit 10. 9. 14 sera le plus petit multiple de 84 et du plus petit multiple 10. 9 ; donc il sera le plus petit multiple des trois premiers nombres donnés 10, 45 et 84. De même encore puisque 1 est le dernier quotient que donne 60 divisé au fur et à mesure par chaque plus grand diviseur qu'il a de commun avec les facteurs, 10, 9 et 14, du plus petit multiple précédent, il s'ensuit que le produit 10. 9. 14. 1 sera le plus petit multiple de 60 et du plus petit multiple 10. 9. 14; donc 10 9. 14. 1 sera le plus petit multiple des 4 premiers nombres donnés. Enfin puisque 7 est le dernier quotient que donne 56 divisé au fur et à mesure par chaque plus grand diviseur qu'il a de commun avec les facteurs 10, 9 et 14 du dernier multiple calculé, il s'ensuit évidemment que 10. 9. 14. 7 sera le plus petit multiple des 5 nombres proposés 10, 45, 84, 60 et 56.

Le calcul que nous venons d'exécuter étant répété sur d'autres exemples, conduit à une règle que l'on peut exprimer ainsi : *Pour avoir le plus petit multiple de plusieurs nombres écrits dans une même ligne horizontale, il suffit de multiplier entre eux tous les nombres d'une seconde ligne horizontale que l'on formerait en écrivant, d'abord l'un des nombres de la première ligne au-dessous de lui-même, puis, au-dessous de chaque autre, le dernier quotient qu'il donnerait en le divisant au fur et à mesure par chaque plus grand diviseur qu'il aurait de commun avec chaque nombre déjà écrit dans la seconde ligne.*

Si dans le cours du calcul, les nombres pris pour plus grands diviseurs communs, n'étaient

que de simples diviseurs communs, il est clair
que l'on ne parviendrait plus alors au plus petit
multiple des nombres proposés, mais seulement
à un multiple de ces nombres, qui serait d'autant plus petit que les diviseurs communs seraient plus grands. Si donc on avait à réduire au
même dénominateur plusieurs fractions écrites
suivant une même ligne horizontale, on conçoit
que pour former le dénominateur commun, on
pourrait se contenter des communs diviseurs les
plus grands que l'on appercevrait à vue d'œil,
entre les nombres pour lesquels on devrait calculer rigoureusement les plus grands communs
diviseurs, si l'on avait pour but de calculer le
plus petit dénominateur commun.

Afin d'éclaircir par un exemple ce qui vient
d'être dit, soit encore proposé de trouver le
plus petit multiple des nombres,

$$112, 84, 240, 225 \text{ et } 490.$$

Pour y parvenir, nous dirons : entre 112 et
84 le plus grand commun diviseur que nous ap-
percevons est 4 ; ainsi $112 . \frac{84}{4}$ ou $112 . 21$,
sera le plus petit multiple alors possible pour
les deux premiers nombres, 112 et 84.

Entre le facteur 112 et le troisième nombre
240 le p. g. c. d. aperçu est 4 ; entre le facteur
21 et $\frac{240}{4}$, ou 60, *il est* 3 ; donc $112 . 21 . \frac{60}{3}$, ou
112. 21. 20, sera le plus petit multiple possible
pour les trois premiers nombres proposés.

Entre le facteur 112 et le quatrième nombre 225 le p. g. c. d. aperçu est 1 ; entre le facteur 21 et 225, *il est* 3 ; entre le facteur 20 et $\frac{225}{3}$, ou 75, *il est* 5 ; donc 112. 21. 20. $\frac{75}{5}$, ou 112. 21. 20. 15, sera le plus petit multiple possible pour les quatre premiers nombres.

Entre le facteur 112 et le dernier nombre 490 le p. g. c. d. aperçu est 2 ; entre le facteur 21 et $\frac{490}{2}$, ou 245, *il est* 7 ; entre le facteur 20 et $\frac{245}{7}$, ou 35, *il est* 5 ; entre le facteur 15 et $\frac{35}{5}$, ou 7, *il est* 1 ; donc 112.21. 20. 15. 7 sera le plus petit multiple qu'il nous aura été possible de trouver pour les nombres proposés, en nous contentant des plus grands diviseurs communs aperçus à la première inspection.

(34) *Si les termes d'une fraction* $\frac{\cdots 27}{\cdots 37}$, *sont premiers entre eux, les deux termes de toute autre fraction égale seront les mêmes multiples des termes premiers entre eux.*

Car si la fraction $\frac{\cdots 33}{\cdots 43}$ égalait la fraction proposée $\frac{\cdots 27}{\cdots 37}$, le produit de $\frac{\cdots 33}{\cdots 43}$ par son dénominateur . . . 43 donnant visiblement le numérateur . . . 33, il s'ensuivrait que cet entier serait aussi le produit de $\frac{\cdots 27}{\cdots 37}$ par le dénominateur 43, et qu'il serait par suite la trente-septième partie du produit de . . . 27 par . . . 43 ; mais dans ce dernier produit le facteur . . . 27 est premier avec le diviseur . . . 37 ; donc l'autre facteur

... 43 sera divisible par ... 37 ; et puisque l'entier 33 peut être regardé comme égal au produit de ... 27 par $\frac{\ldots 43}{\ldots 37}$, on voit que ce nombre ... 33 contiendra autant de fois ... 27 que ... 43 contiendra de fois ... 37 ; ainsi, les deux termes ... 33 et ... 43 seront les mêmes multiples des termes ... 27 et ... 37 premiers entre eux ; ce qu'il fallait prouver.

Si les deux termes d'une fraction $\frac{\ldots 27}{\ldots 37}$ *sont premiers entre eux, cette fraction sera irréductible, c'est-à-dire, qu'elle ne pourra être exprimée par des termes plus simples ;* et en effet, les termes de toute fraction égale à la proposée, devant être multiples de ... 27 et de ... 37, il en résulte que ces termes ne peuvent être plus petits que les nombres ... 27 et ... 37.

Si l'on divise les deux termes d'une fraction par leur plus grand commun diviseur, on obtiendra une fraction irréductible : Car les termes de la nouvelle fraction seront des nombres premiers entre eux.

De ce qui précède il résulte évidemment que, pour obtenir toutes les fractions égales à une fraction donnée, il suffira de diviser ses deux termes par leur plus grand diviseur commun, et de multiplier les deux termes de la fraction irréductible obtenue par chacun des nombres entiers, pris, tour à tour, pour multiplicateur ; car toutes les fractions égales à la fraction pro-

posée , et par suite égales à la fraction irréductible obtenue, doivent avoir chacune des termes
qui soient les mêmes multiples des deux termes
de cette fraction irréductible.

(35) *Deux fractions irréductibles et égales
ont le même numérateur et le même dénominateur.*

Puisque ces fractions sont irréductibles, il est
clair que les deux termes de chacune d'elles seront des nombres premiers entre eux ; mais nous
savons qu'alors chaque numérateur devra être
multiple de l'autre , ou divisible par l'autre ;
donc ces numérateurs seront égaux ; donc aussi,
dans ces fractions égales , les dénominateurs seront égaux ; ainsi ces fractions auront le même
numérateur et le même dénominateur.

Si des fractions sont égales entre elles, et que
l'on divise les deux termes de chacune d'elles
par le plus grand diviseur commun à ces termes , on obtiendra évidemment des fractions qui
auront toutes le même numérateur et le même
dénominateur, puisque toutes les fractions obtenues ainsi seront égales et irréductibles.

(49) *Réduire à sa plus simple expression
une fraction donnée, lorsqu'au moins l'un
de ses termes est un produit,*

1.° Soit par exemple, à réduire à sa plus
simple expression la fraction $\frac{17640}{57.36.30.57}$. Si nous

divisons successivement le numérateur de cette fraction par les plus grands diviseurs qu'il a de commun avec les différens facteurs du dénominateur, au fur et à mesure qu'il est divisé ; puis que nous divisions respectivement par les mêmes diviseurs les facteurs du dénominateur, on conçoit que par là nous aurons divisé les deux termes de la fraction donnée par leur plus grand commun diviseur (28 et 30), et qu'en conséquence nous aurons pour résultat la fraction irréductible demandée. Or comme, pour effectuer le calcul commodément, nous pouvons écrire au-dessous de chaque facteur divisé le quotient qu'il donne, et, au-dessus du numérateur, les quotients successifs qui en seront déduits, il est évident que nous aurons :

$$21$$
$$147$$
$$1470$$
$$5880$$
$$17680$$

$$\overline{57. \; 36. \; 30. \; 77.}$$
$$19. \quad 9. \quad 3. \quad 11.$$

Par conséquent, on comprend que la fraction $\frac{21}{19.9.3.11}$ sera la fraction demandée.

2.° Soit encore à réduire à sa plus simple expression la fraction $\frac{17640.264.228}{57.36.30.77}$. Si nous divisons

successivement le dénominateur de cette fraction par le plus grand diviseur qu'il a de commun avec les différens facteurs du numérateur,
au fur et à mesure qu'il est divisé, puis que
nous divisions respectivement ces facteurs du
numérateur par les mêmes plus grands diviseurs communs, il est manifeste que, par là,
nous aurons divisé par leur plus grand commun
diviseur les deux termes de la fraction proposée, et qu'en conséquence nous l'aurons réduite
à sa plus simple expression. Mais en agissant
ainsi, on conçoit que chaque facteur du numérateur donnera lieu à un calcul semblable à
celui de l'exemple précédent; si donc, pour
opérer commodément, nous écrivons au-dessus
de chaque facteur du numérateur et au-dessous
de chaque facteur du dénominateur, les quotients successifs que nous en déduirons, on voit
que nous aurons :

$$
\begin{array}{llll}
21 & & & \\
147 & & & \\
1470 & 11 & -4 & \\
5880 & 88 & 12 & \\
17640. & 264. & 228 & \\
\hline
57. & 36. & 30. & 77 \\
19 & 9 & 3 & 11 \\
1 & 3 & & 1 \\
\end{array}
$$

On doit donc voir également qu'en divisant

le produit des quotients les plus élevés , dans les trois colonnes du numérateur , par le produit des quotients les moins élevés , dans les quatre colonnes du dénominateur , nous aurons dans le résultat $\frac{21.11.4}{1.1.3.1}$ la fraction irréductible demandée.

Du calcul des nombres périodiques , incommensurables et fractionnaires.

DÉFINITIONS.

XV. Une *fraction décimale périodique* est un nombre décimal dans lequel les mêmes chiffres reviennent continuellement dans le même ordre. Si donc, à droite d'un nombre quelconque 4, 72, on écrit continuellement les chiffres 3, 5, 7, dans le même ordre, le résultat 4, 72357357 . . . . . sera une *fraction décimale périodique.*

XVI. La *période* d'une fraction décimale périodique , est l'ensemble des chiffres qui reviennent continuellement dans le même ordre : 357 est donc la *période* de la fraction décimale périodique 4, 72357357357 . . . .

XVII. Une fraction décimale périodique est *simple*, lorsque la période commence immédiatement après le chiffre des unités simples :

,472, 357357357 .... sera donc une fraction décimale périodique *simple.*

XVIII. Une fraction décimale périodique est
mixte, lorsque la période ne commence qu'a-
près le chiffre des dixièmes : 4, 72357357357...
sera donc une fraction décimale périodique
mixte.

XIX. Un nombre est *incommensurable*,
quand il ne peut être exprimé ni par un entier , ni par une fraction.

XX. Un *nombre fractionnaire*, ou une
expression fractionnaire, est le quotient de
deux nombres quelconques, mis sous la forme
d'une fraction : ainsi les expressions $\dfrac{3,42\ldots}{0,032\ldots}$,
$\dfrac{5|_7}{4,32\ldots}$, $\dfrac{2|_3}{4|_7}$, etc., sont des *nombres fraction-*
naires, qui expriment respectivement les quo-
tients de 3, 42 .... par 0, 032 ...., de $5|_7$ par
4, 32 ... , de $2|_3$ par $4|_7$, etc... Un nombre
tel que 3 , 42 ... représente d'ailleurs un
nombre composé d'une suite indéfinie de chiffres décimaux.

PROPOSITIONS.

(37) *Si le dénominateur d'une fraction ne*
renferme que les facteurs 2 ou 5, cette frac-
tion pourra s'exprimer exactement en déci-
males.

Car puisque le dénominateur de cette fraction ne renferme que les facteurs 2 ou 5, on pourra, en multipliant ses deux termes par des facteurs égaux à 2 ou à 5, transformer cette fraction en une autre dont le dénominateur contiendra autant de facteurs égaux à 2 que de facteurs égaux à 5 ; mais alors la fraction obtenue ainsi aura pour dénominateur une unité d'un certain ordre, et sera par suite une fraction décimale ; donc la fraction proposée sera égale à une fraction décimale, ou *pourra s'exprimer en décimales.*

(38) *Si le dénominateur d'une fraction renferme un facteur, 7, qui ne divise pas son numérateur, . . . 29, et qui soit premier avec 2 et 5, cette fraction ne pourra pas s'exprimer exactement en décimales.*

Car autrement, et en se rappellant le procédé de réduction en décimales, on voit qu'il faudrait que le numérateur de cette fraction, suivi d'un certain nombre de zéros, fût divisible par son dénominateur ; il faudrait donc que le produit du numérateur . . . . 29 par une unité d'un certain ordre, fût divisible par le facteur 7 du dénominateur ; or 7 doit être premier avec une unité d'un ordre quelconque, puisqu'il est premier avec les facteurs 2 et 5, de cette unité ; donc 7 devrait diviser l'autre facteur . . . 29 du produit qu'il divise ; ce

qui est impossible ; donc on ne peut pas supposer que la fraction proposée puisse se tra-
duire exactement en décimales.

De ce que nous venons de démontrer, il résulte évidemment, par rapport aux fractions
plus petites que l'unité, qu'une fraction quelconque ne peut être réduite exactement en
décimales, lorsque son dénominateur est premier avec 2 et 5 ; d'où il suit que si deux fractions plus petites que l'unité, ont des dénominateurs premiers avec 2 et 5, la différence de
ces fractions ne pourra pas être exprimée en décimales : car cette différence sera une fraction plus
petite que l'unité, et qui aura pour dénominateur un nombre nécessairement premier avec
2 et 5, puisqu'il sera le produit de deux nombres premiers avec 2 et 5 (20).

(39) *Toute fraction*, $\frac{26}{111}$, *qui ne peut être
exprimée en décimales, est égale à un nom-
bre décimal périodique.*

Puisque 111 est premier avec 2 et 5, il est
clair que la fraction $\frac{26}{111}$ ne pourra pas s'exprimer
en décimales ; si donc nous cherchions à y parvenir, les divisions partielles que nous aurions
à exécuter conduiraient toujours à des restes,
et se prolongeraient par suite à l'infini. Mais
observons que tous les restes devant être plus
petits que le diviseur 111, ne pourraient for-

mer 111 nombres différens ; d'où il suit qu'a-
près la 111.me division, on devrait, parmi les
111 restes alors obtenus, en avoir au moins
deux semblables ; les dividendes partiels, déduits de ces restes par l'addition d'un zéro, seraient donc aussi semblables ; d'où l'on voit qu'à
partir de ces dividendes l'on aurait à exécuter
les mêmes divisions, et par suite à écrire continuellement au quotient les mêmes chiffres
et dans le même ordre. Et en effet si nous dé-
veloppons $\frac{26}{111}$ en décimales,

$$
\begin{array}{r|l}
260 & 111 \\
360 & 0{,}234 \\
470 & \\
260 & \\
\end{array}
$$

on voit que le quatrième diviseur partiel,
260 dix-millièmes, est semblable au premier,
260 dixièmes ; par conséquent, puisque nous
devons agir sur le cinquième dividende partiel
comme sur le premier, on comprend qu'arrivé
à ce cinquième dividende, nous n'aurons plus
qu'à écrire au quotient les chiffres mêmes qui
y seront écrits à partir de 260 dixièmes ; ainsi,
puisqu'à partir de ce dividende, nous avons
déjà écrit au quotient l'ensemble des chiffres 2,
3, 4, nous devons, à droite du quotient 0,234
auquel nous sommes maintenant arrivés, écrire

de nouveau l'ensemble de ces chiffres 2, 3, 4;
mais alors nous aurons écrit au quotient, à
partir du premier dividende partiel, une fois
fois de plus l'ensemble des chiffres 2, 3, 4;
donc nous devrons écrire encore au quotient, à
partir du quatrième dividende partiel, une fois
de plus ce même ensemble de chiffres; et ainsi
de suite à l'infini; ce qui montre qu'à partir
du quatrième dividende partiel, nous aurons à
écrire au quotient un nombre infini de fois les
chiffres obtenus au quotient, entre les deux dividendes partiels semblables 260 dixièmes et
260 dix-millièmes.

Comme dans la fraction décimale périodique
0,234234234.., l'ensemble des chiffres 2 3 4
est continuellement répété, on conçoit que l'on
peut aussi y considérer comme continuellement
répété l'ensemble des chiffres 234234, ou encore 234234234, ou bien, en général, 234
écrit un nombre quelconque de fois à la suite
de lui-même; on peut donc prendre l'une quelconque de ces suites de chiffres, continuellement
répétées, pour la période de la fraction périodique 0,234234234..

Il est d'ailleurs facile de voir que l'on pourra
faire commencer la période au chiffre que l'on
voudra de la période; car il est clair, par exemple, que, dans le quotient précédent, le 5.me
chiffre décimal et le 11.me proviennent de divi-

dendes partiels semblables , et qu'ainsi tous les chiffres décimaux écrits au quotient depuis le cinquième inclusivement jusqu'au onzième exclusivement devront être continuellement repétés dans le même ordre ; seulement nous observerons qu'alors les quatre premiers chiffres décimaux ne faisant pas partie de la période , le nombre périodique o, 234234234.... devra être considéré comme une fraction décimale périodique mixte.

Relativement à la suite infinie de chiffres décimaux qui doivent composer la valeur de la fraction $\frac{26}{111}$, nous remarquerons qu'en n'écrivant la période qu'un certain nombre de fois, nous aurons toujours un résultat plus petit que $\frac{26}{111}$; et comme la différence de ce résultat à la fraction ne dépassera jamais l'unité du dernier chiffre écrit, on comprend que l'on pourra écrire cette période assez de fois pour que l'on approche autant que l'on voudra de la valeur de la fraction , mais toutefois, sans jamais l'atteindre ; d'où il suit que l'on peut dire que la fraction $\frac{26}{111}$ est la *limite* de la valeur exprimée par la fraction périodique o , 234234.....

(40) *Une fraction décimale périodique simple est égale à une fraction ordinaire qui aurait pour numérateur l'ensemble des chiffres de la période , et pour dénominateur un*

nombre composé d'autant de 9 qu'il y a de chiffres dans la période.

Et en effet soit 0, 271271271 . . ., une fraction périodique ayant 271 pour période. Il est visible qu'en prenant 1000 fois cette fraction on aura pour résultat un nombre 271 , 271271 . . ., qui se composera de 271 et de la fraction périodique elle même prise une fois ; d'où il suit que 271 doit valoir 999 fois la fraction périodique, et qu'ainsi cette fraction périodique sera égale à la fraction ordinaire $\frac{271}{999}$; ce qu'il fallait prouver.

La forme du dénominateur d'une fraction ordinaire, égale à une fraction périodique simple, montre aisément que cette fraction ordinaire, réduite à sa plus simple expression, doit nécessairement avoir pour dénominateur un nombre premier avec 2 et 5 , puisque ce dénominateur sera diviseur d'un nombre composé d'une suite de 9 [34] , ou sera lui-même un nombre ainsi composé.

(41) *Déterminer la valeur d'une fraction décimale périodique mixte.*

Soit, par exemple, à évaluer en fraction ordinaire la valeur du nombre décimal périodique 0, 48271271 . . ., ayant 271 pour période. Il est visible qu'on ne changera pas la valeur de ce nombre en le multipliant et en le divisant par 100 ; or si on le multiplie par 100, le résultat $48,271271$, sera égal à $48\frac{271}{999}$; d'où l'on voit, en divisant ce dernier nombre par 100, que le nombre périodique proposé égalera la somme des fractions $\frac{48}{100}$, $\frac{271}{99900}$. Réduisant la première de ces deux fractions au dénominateur 99900, puis effectuant l'addition, il sera facile de reconnaître que *l'on obtiendra une fraction dont le numérateur sera la période augmentée du produit de la partie non périodique par un nombre composé d'autant de 9 qu'il y a de chiffres à la période, et dont le dénominateur sera ce même nombre de 9 suivi d'autant de zéros qu'il y a de chiffres décimaux dans la partie décimale non-périodique.*

(42) *Si le dénominateur d'une fraction proprement dite $\frac{\dots\cdot 15}{\dots\, 67}$, est un nombre premier avec 2 et 5, cette fraction réduite en décimales, donnera lieu à une fraction décimale périodique simple.*

Car supposons pour un instant que la fraction $\frac{\dots\cdot 15}{\dots\, 67}$ soit égale à la fraction périodique mixte

$$0,32548548548\dots\dots;$$

qui a 548 pour période. Alors si nous abaissons la partie périodique de ce nombre décimal au-dessous d'elle même, puis qu'au-dessous des autres chiffres, en allant de droite à gauche, nous écrivions les chiffres de la période 548 dans un ordre inverse, il est évident que nous parviendrons à ces deux nombres décimaux.

$$o, 32548548548 \ldots$$
$$o, 48548548548 \ldots$$

Or la différence de ces nombres étant visiblement un nombre décimal fini, il en résulterait que la différence des fractions ordinaires $\frac{\ldots 15}{\ldots 67}$ et $\frac{485}{999}$, respectivement égales à ces nombres, pourrait être traduite exactement en décimales ; ce qui est absurde, puisque les dénominateurs de ces fractions sont premiers avec 2 et 5 ; donc il est absurde de supposer que la fraction proposée $\frac{\ldots 15}{\ldots 67}$ ne soit pas égale à une fraction périodique simple (C. 38,).

Cette démonstration nous conduit naturellement à un nouveau moyen d'estimer en fraction ordinaire la valeur d'une fraction périodique mixte, o, 32548548. . . ; car si l'on retranche ce nombre décimal de la fraction périodique simple o, 485484485, on obtient o, 16 pour différence ; d'où il suit que le nombre décimal o, 32548548... ; est égal à la différence des nombres o, 485485.... et o, 16, et par suite à la différence des fractions $\frac{485}{999}$ et $\frac{16}{100}$.

(43) *Toute fraction décimale, dont la période renferme des chiffre sentiers, est néces-*

sairement égale à un nombre fractionnaire irréductible, dont le dénominateur est terminé
par autant de zéros qu'il y a de chiffres entiers dans la période.

En effet, soit la fraction périodique 574,
374374...., dont la période 743 renferme
deux chiffres entiers. Si nous divisons ce nombre par 100, nous aurons pour quotient $5\,\frac{743}{999}$;
or en transformant ce quotient en un nombre
fractionnaire irréductible, il est visible que nous
parviendrons à un dénominateur premier avec
2 et 5, puisqu'il sera 999, ou facteur de 999;
si donc, pour reproduire le nombre proposé
nous multiplions par 100 le numérateur de cette
fraction irréductible, on conçoit que les deux
termes de cette fraction resteront encore premiers entre eux (26); et qu'ainsi on aura pour
résultat une fraction encore irréductible, mais
dont le numérateur sera terminé par deux zéros.

De cette propriété il suit évidemment qu'un
nombre fractionnaire, dont le numérateur est terminé par un chiffre significatif, ne peut jamais
conduire à une période qui comprenne des chiffres entiers.

(44) *Tout nombre fractionnaire irréduc-*
tible $\frac{\cdot{}^{\bullet}{}^{80}475}{\cdot{}_{\bullet}67}$, *dont le dénominateur* .. 67 *est*
premier avec 2 *at* 5, *donne toujours lieu à*
une fraction décimale périodique simple,

dont la période commence au chiffre des dixièmes, lorsque, d'ailleurs, son numérateur est terminé par un chiffre significatif.

Car, si après avoir déterminé le quotient entier de la division du numérateur . . 80 475 par le dénominateur . . 67, on veut encore diviser le reste de la division par . . 67, en cherchant à exprimer ce quotient partiel en décimales ; il est clair que l'on obtiendra une fraction décimale périodique simple (42), et par suite que le quotient total sera lui-même exprimé par un nombre périodique, dont la période commencera au moins aux dixièmes ; en outre puisque le numérateur du nombre fractionnaire proposé, est terminé par un chiffre significatif, nous savons qu'aucun chiffre entier n'appartiendra à la période (c. 43.) ; par conséquent le nombre fractionnaire proposé, traduit en décimales, donnera nécessairement une fraction décimale périodique, dont la période commencera au chiffre même des dixièmes.

(45) *Tout nombre fractionnaire irréductible, dont le dénominateur contient les facteurs 2 et 5, ainsi que des facteurs premiers avec 2 et 5, est égale à une fraction décimale périodique mixte, dont la période commencera après autant de chiffres décimaux que le dénominateur renferme de facteurs égaux*

à celui des facteurs 2 *ou* 5 *qu'il renferme
le plus souvent* : Ainsi, en supposant que le
dénominateur d'un nombre fractionnaire irréductible, contienne *quatre* facteurs égaux à 2,
un facteur égal à 5 et un facteur .. 93 premier
avec 2 et 5 ; je dis que la période commencera
après le *quatrième* chiffre décimal, c'est-à-dire,
après le chiffre des dix-millièmes.

Puisque la fraction proposée est irréductible,
son numérateur sera donc premier avec 2 et 5,
et par suite terminé par un chiffre significatif ;
Si donc, afin que le dénominateur de cette fraction contienne autant de facteurs 5 que de facteurs 2, nous multiplions ses deux termes trois
fois de suite par 5, on voit que le numérateur
sera un nombre toujours terminé par uu chiffre
significatif, et toujours premier avec le facteur
.. 93 du dénominateur ; d'ailleurs, comme alors
ce dénominateur sera .. 930000, il est évident
que la valeur de cette fraction pourra s'obtenir
en divisant son numérateur par .. 93 et le résultat par 10000. Mais la division par .. 93
donnant une fraction périodique, dont la période commence après le chiffre des unités (44),
et la division par 10000 devant faire occuper
à ce chiffre d'unités le rang de dix millièmes ;
il s'ensuit clairement que la période commencera en définitif après les dix-millièmes, ou après
le *quatrième* chiffre décimal.

La proposition serait encore vraie, si le dénominateur ne renfermait que l'un des facteurs
2 ou 5, le facteur 2 par exemple ; car si, pour
préparer la fraction de manière à ce que son
dénominateur contînt autant de facteurs 5 que
de facteurs 2, on multipliait ses deux termes
quatre fois de suite par 5, on voit que le numérateur serait toujours premier avec le facteur .. 93 et le facteur 2 ; et qu'ainsi, après ces
multiplications successives, le numérateur serait
toujours terminé par un chiffre significatif.

Quoique nous n'ayons supposé au dénominateur qu'un seul facteur premier avec 2 et 5, il
est visible que la proposition n'en est pas moins
démontrée par le cas où l'on supposerait au
dénominateur un nombre quelconque de facteurs premiers avec 2 et 5, puisque rien ne
nous empêcherait de multiplier ensemble tous
ces facteurs, et de parvenir ainsi à un facteur unique nécessairement premier avec 2 et 5. Au
surplus, il nous sera toujours facile de décom-
poser tout dénominateur donné en des facteurs égaux à 2 ou à 5, s'il en renferme, et en
un facteur premier avec 2 et 5. Car nous pourrons d'abord diviser successivement ce dénominateur par des diviseurs égaux à 2, jusqu'à ce
que nous arrivions à un quotient impair ; et
comme les facteurs ou diviseurs de ce quotient
seront premiers chacun avec le nombre premier

2 (*C.* 15 et 25), on conçoit qu'en divisant successivement ce quotient impair par des diviseurs
égaux à 5, on devra arriver à un autre quotient
premier avec 5 et avec 2; par conséquent il est
visible que ce dernier quotient et les diviseurs
égaux à 2 et à 5, que l'on aura employés, seront
les facteurs demandés en lesquels pourra se dé-
composer le dénominateur proposé.

(46) *Déterminer à moins de* 0, 001 *la
somme des nombres périodiques* 5, 434343...,
0,7363636..., 0,0582582..., et 3, 6666...

$$5,434343\dots$$
$$0,7363635\dots$$
$$0,0582582\dots$$
$$3,66666\dots$$
$$\overline{}$$
$$9,8954$$
$$9,896$$

Il est visible que si, dans chacun des nombres proposés, on néglige tous les chiffres à
droite des dix-millièmes, on ne diminuera chacun d'eux que d'une quantité inférieure à un
dix-millème; donc en ajoutant les nombres ainsi
réduits, on aura une somme partielle 9, 8954
qui ne sera dépassée par la véritable somme
que d'une quantité plus petite que 4 dix-millièmes, et par suite plus petite que 1 millième,

cette somme partielle 9 , 8954 , sera donc le nombre cherché.

Puisque la vraie somme ne dépasse pas d'un millième le nombre trouvé 9 , 8954 , on comprend qu'en augmentant de 1 son chiffre des millièmes , on aura, dans le résultat 9 , 8964 , un nombre plus grand que la vraie somme ; cette somme et 9 , 896 seront donc deux nombres compris entre 9 , 8954 et 9 , 8964 , c'est-à-dire entre deux autres nombres qui ne diffèrent que d'un millième ; d'où il suit que la vraie somme et 9 , 896 ne différeront entre eux que d'un nombre plus faible qu'un millième ; ainsi 9 , 896 sera un nombre de millièmes qui exprimera , à moins de 0 , 001 , la valeur de la véritable somme des nombres proposés.

Les raisonnemens précédens pouvant être facilement appliqués à d'autres additions, on conçoit que l'on peut établir la règle suivante :

RÈGLE. Pour trouver à moins d'une unité décimale donnée la somme de plusieurs nombres décimaux périodiques ou quelconques, on prend l'écriture de chacun d'eux avec un chiffre d'un ordre inférieur à celui de l'unité donnée , puis on ajoute ces nombres ainsi réduits , en suivant la règle ordinaire ; arrivé à la somme on peut, si l'on veut, supprimer le dernier chiffre, pourvu que l'on ait soin d'augmenter d'une unité le chiffre qui précède.

Cette règle suppose implicitement qu'il n'y ait pas plus de dix nombres à ajouter ; mais il est évident que s'il y en avait davantage , on devrait alors prendre l'écriture de chaque nom‑ bre avec deux chiffres décimaux de plus que dans l'écriture de l'unité décimale qui désigne‑ rait l'approximation demandée.

Il est visible d'ailleurs qu'en remontant des fractions périodiques aux fractions ordinaires , on pourrait aisément exécuter sur les nombres périodiques non seulement l'addition , mais en‑ core toutes les autres opérations de l'arithmé‑ tique ; toutefois comme cette manière de pro‑ céder peut être très lente dans certain cas , on conçoit qu'il sera avantageux de savoir opérer directement sur toutes sortes de nombres dé‑ cimaux.

Si dans les nombres concrets : $5^{\text{mèt.}}$, 4343... , $0^{\text{mèt.}}$, 73636... , $0^{\text{mèt.}}$, 0582582... , $3^{\text{mèt.}}$, 6666... , on substitue 1 franc à 1 mètre, on comprendra , en supposant les deux unités équivalentes , que la somme des nombres de francs sera semblable à celle des nombres de mètres ; et comme cela aurait encore lieu en substituant à 1 mètre une unité concrète quelconque , et par conséquent l'unité simple ; il en résulte que pour ajouter des nombres concrets, il suffit d'ajouter les nom‑ bres abstraits semblables , et de regarder le ré‑ sultat comme de l'espèce des nombres à ajouter.

Par un raisonnement analogue, on montrerait que l'on peut ramener toute opération sur des nombres concrets à être exécutée sur les nombres abstraits semblables.

(47) *Déterminer à moins d'une unité décimale donnée la différence de deux nombres périodiques donnés.*

Premier exemple. Soit proposé de trouver à moins de 0, 01 la différence des nombres 5, 45727272.... et 2, 5131313. ...

$$5,457272\ldots$$
$$2,51313\ldots$$
$$2,947272$$
$$2,94$$

Si pour soustraire le plus petit nombre du plus grand, nous retranchons d'abord les 251 centièmes qu'il renferme, il est clair que du résultat 2, 947272..., nous aurons encore à soustraire la partie à droite des centièmes dans le plus petit nombre; or cette soustraction partielle pouvant s'effectuer sur la partie à droite des centièmes dans le résultat obtenu, et conduisant à une différence évidemment plus petite qu'un centième, on voit que la différence des nombres proposés renfermera 294 centièmes, plus un nombre plus petit qu'un centième;

donc 2,94 sera la différence, par défaut, à
o, o1 près.

Deuxième exemple. Soit proposé de trouver à moins de o, o1 la différence des nombres
7, 42363636... et 2, 1474747...

$$7,42363636\ldots$$
$$2,1474747\ldots\ldots$$
$$\overline{}$$
$$5,28363636\ldots$$
$$5,28$$
$$5,27$$

Si pour soustraire le plus petit nombre du
plus grand, nous retranchons d'abord les 214
centièmes qu'il renferme, il est clair que du
résultat 5, 283636..., nous aurons encore
à soustraire la partie à droite des centièmes
dans le plus petit nombre ; or comme cette
partie à ôter est un nombre compris entre 7
et 8 millièmes, si l'on supprimait seulement
dans le résultat obtenu, la partie à droite de
ces centièmes, il est visible que du nouveau
reste 5, 28, il faudrait encore ôter une quantité évidemment plus petite que 8 millièmes ;
et par conséquent plus petite que 1 centième,
donc le reste 5, 28 ne dépassera la véritable
différence que d'un nombre plus petit que 1
centième ; donc 5, 28 sera cette différence par
excès à 1 centième près. On voit de plus que

la véritable différence devant être comprise entre 5, 28, et ce nombre 5, 28 diminué d'un centième, il faut que 5, 27 soit la différence par défaut à moins d'un centième.

Tous les cas de soustraction se trouvant compris dans les deux exemples que nous venons de prendre, on voit que nous pouvons poser la règle qui suit :

RÈGLE. Pour trouver à moins d'une unité donnée la différence de deux nombres décimaux quelconques, on supprime dans chacun d'eux la partie décimale à droite du chiffre qui est de l'espèce de l'unité donnée, puis l'on retranche les nombres ainsi réduits en suivant la règle ordinaire : toutefois si la partie décimale supprimée dans le plus petit nombre, dépasse la partie supprimée dans le plus grand, et que l'on veuille d'ailleurs avoir la différence par défaut, l'on doit alors diminuer d'une unité le dernier chiffre de la différence calculée.

(48) *Déterminer à moins d'une unité décimale donnée le produit de deux nombres périodiques quelconques.*

Proposons nous, par exemple, de trouver à moins de 0, 1 le produit de 135, 243243... par 42, 625625...

Si renversant l'ordre des chiffres du multiplicateur, ce qui donne... 526,526 , 24 , nous
écrivons ce nombre au-dessous du multiplicande,
de manière que le chiffre 2 de ses unités soit
sous le deuxième chiffre du multiplicande , à
droite de celui qui est de l'espèce donnée;

$$135,243243\ldots$$
$$\ldots 526526,24$$

$$5409728 \text{ milli.}$$
$$270486$$
$$81144$$
$$2704$$
$$675$$
$$78$$
$$2$$

$$5764817 \text{ milli.}$$
$$5764,817$$
$$5764,9$$

alors nous remarquerons que le produit des deux
chiffres d'une même colonne verticale exprimera toujours des millièmes. On pourrait à
l'aide du calcul seul s'assurer de ce résultat ,
cependant, pour le prouver d'une manière plus
générale , observons que l'on ne changera pas
le produit des chiffres d'une même colonne verticale , en rendant l'un de ses chiffres dix fois
plus grand et l'autre dix fois plus petit (C. 10) ;

mais comme ces chiffres exprimeraient ainsi des unités du même ordre que les chiffres de la colonne qui précède ou qui suit, il en résulte que les produits des chiffres de deux colonnes consécutives, et par suite de deux colonnes quelconques, donneront toujours des unités du même ordre ; or, pour l'une des colonnes qui renferme un chiffre d'unités simples, il est clair que le produit de ses chiffres donnera des millièmes ; donc le produit des chiffres de toute autre colonne donnera aussi des millièmes.

Ainsi, nous voyons que si l'on multipliait par 4, chiffre des dixaines du multiplicateur, une seule unité du chiffre supérieur 2, on aurait 4 millièmes pour produit ; d'où il suit qu'en multipliant par 4 la partie multiplicande à droite de ce chiffre 2, l'on devrait avoir pour produit moins de 4 millièmes, et par suite moins de 1 centième ; si donc, l'on ne multiplie réellement par 4 que l'autre partie, 135, 2432, du multiplicande, il est clair que le résultat 5409728 millièmes sera à moins de 0,01 le produit de tout le multiplicande par 4. On ferait voir de même que si, dans la multiplication du multiplicande par 2, chiffre des unités du multicateur, on néglige toute la partie de ce nombre, à droite de la colonne qui renferme le multiplicateur 2, le résultat que l'on obtiendra, 270486 millièmes, sera aussi à moins de 0,01 le produit de tout le multiplicande par 2. Enfin, on reconnaîtra par le même raisonnement, que les nombres 81144 millièmes, 2704 millièmes, 675 millièmes, 78 millièmes et 2 millièmes seront chàcun à moins d'un centième les produits du multiplicande multiplié tour-à-tour par les chiffres 6, 2, 5, 6, 2 du multiplicateur, qui expriment respectivement des dixièmes, des centièmes, des millièmes, des dix-millièmes et des cent-millièmes.

Mais arrivé au chiffre 5 des millionièmes du multiplicateur, on voit qu'il y aurait encore à multiplier le multiplicande par toute la partie du multiplicateur qui le dépasse sur la gauche; or ce reste du multiplicateur est plus petit que 10 unités du chiffre 5, où nous sommes arrivés; d'ailleurs le multiplicande est lui-même plus petit que l'unité que l'on supposerait à sa droite; et puisque le produit de cette unité supposée par 10 unités du chiffre multiplicateur 5, donnerait visiblement 10 millièmes, il s'ensuit que le produit du multiplicande par le reste du multiplicateur, sera plus petit que 10 millièmes, ou qu'un centième; ainsi en négligeant d'effectuer ce produit, nous ne négligerons qu'un produit partiel plus petit qu'un centième; et comme dans les sept multiplications précédentes, nous n'avons négligé chaque fois, que moins d'un centième, il en résulte qu'en réunissant les sept

produits partiels calculés, nous aurons un résultat 5764817 millièmes, ou 5764,817, qui
sera le produit des nombres proposés à moins
de huit nombres plus petits chacun que 0, 01 ;
donc ce résultat 5764, 817 sera le véritable
produit à moins de 8 centièmes, et par conséquent à moins de 0, 1 ; ce qu'il fallait trouver.

Puisque le vrai produit ne dépasse pas de 1
dixième le produit calculé 5764, 817, on comprend qu'en augmentant de 1 le chiffre de
ses dixièmes, on aura dans le résultat 5764, 9
un nombre plus grand que le vrai produit; ce
produit et 5764, 9 seront donc deux nombres
compris entre le produit calculé 5764, 817, et
ce même produit partiel augmenté de un
dixième; d'où l'on voit que le vrai produit et
5764, 9, se trouvant compris entre des nombres qui ne diffèrent que d'un dixième, ne devront différer entre eux que d'un nombre plus
faible qu'un dixième ; le nombre de dixièmes
5764, 9 sera donc le vrai produit à un dixième
près.

Si l'on observe que 5764, 9 peut être tout
aussi bien le produit par excès que par défaut,
on reconnaîtra aisément que si nous avions calculé le produit demandé à moins d'une unité
décimale de six chiffres décimaux, nous ne se-
rions arrivés ainsi, d'une manière assurée,
qu'aux 5 premières décimales du vrai produit.

Comme , en suivant une marche semblable à celle que nous venons d'expliquer , on parviendrait à déterminer , avec autant de décimales qu'on voudrait , le produit de deux nombres décimaux quelconques ; et comme, dans chacune des multiplications que l'on se proposerait , on pourrait observer que le nombre des chiffres décimaux employés dans chaque facteur , serait égal au nombre des chiffres renfermés dans la partie entière de l'autre facteur et dans l'écriture de l'unité qui exprimerait l'approximation demandée ; alors, on reconnaîtra aisément que l'on peut établir la règle suivante.

RÈGLE. Pour calculer à moins d'une unité décimale donnée le produit de deux nombres décimaux périodiques , on prend l'écriture de chaque facteur avec autant de chiffres décimaux qu'il y a de chiffres dans la partie entière de l'autre facteur et dans l'écriture de l'unité qui désigne l'approximation demandée ; puis , ayant écrit le multiplicateur au-dessous du multiplicande , en renversant l'ordre de ses chiffres, et en plaçant ses unités simples sous le deuxième chiffre à droite de celui du multiplicande qui est de l'espèce donnée , alors on effectue la multiplication selon la règle ordinaire , en négligeant toutefois , dans chaque multiplication partielle , toute la partie du multiplicande à droite de la colonne du chiffre multiplicateur, et en regardant tous les produits partiels comme de l'espèce du chiffre du multiplicande, qui est au-dessous des unités simples du multiplicateur : arrivé au produit, on peut, si l'on veut, y augmenter de l'unité le chiffre qui est de l'espèce de l'unité donnée, pourvu que l'on néglige dans ce cas tous les autres chiffres à droite.

Au surplus, on conçoit que l'on pourrait parvenir au produit donné par cette règle, sans qu'il fût besoin de renverser l'ordre des chiffres du multiplicateur;

$$
\begin{array}{r}
135,2432 \\
42,62562 \\
\hline
5409728 \\
270486 \\
81144 \\
2704 \\
675 \\
78 \\
2 \\
\hline
5764817
\end{array}
$$

mais alors au lieu de commencer chaque multiplication partielle par les chiffres d'une même colonne verticale, il faudrait commencer par les chiffres qui seraient, dans le multiplicande et le multiplicateur, à égales distances des chiffres extrêmes, c'est-à-dire des chiffres de la plus grande et de la plus faible valeur. Mais qu'elle que soit la disposition que l'on veuille adopter pour l'écriture des chiffres du multiplicateur, il est manifeste que, lorsque ce nombre renfermera de 10 à 20 chiffres significatifs, il faudra nécessairement, pour avoir l'approximation demandée, avancer le chiffre de ses unités simples d'un rang vers la droite du multiplicande, et prendre l'écriture de chaque facteur avec un chiffre décimal de plus. On voit que l'on pourrait au contraire reculer le chiffre des unités d'un rang, et prendre l'écriture de chaque facteur avec une décimale de moins, si le multiplicateur ne renfermait qu'un seul chiffre significatif.

Nous remarquerons, pour terminer, que la règle énoncée fournit aussi le moyen de trouver à moins d'une unité décimale donnée le produit de deux nombres quelconques, décimaux ou fractionnaires ; car si l'on voulait par exemple, calculer à moins de 0,01 le produit de $35\frac{2}{3}$ par 2, 4, ou celui de $27\frac{5}{7}$ par $3\frac{1}{4}$, on voit que l'énoncé de cette règle conduirait naturellement à déterminer l'écriture de chaque multiplicande avec 4 chiffres décimaux, et celle de chaque multiplicateur avec 5 de ces chiffres ; et comme les chiffres décimaux que l'on négligeraient ainsi, seraient ceux mêmes que l'on néglige-

raient si les facteurs étaient exprimés en décimales, il en résulte qu'en multipliant ces facteurs ainsi réduits, on parviendrait indubita-
blement aux deux produits demandés.

(49) *Le quotient de deux nombres ne change
pas en multipliant chacun d'eux par le même
nombre.*

Car, quelle que soit la division proposée,
nous savons que le dividende égalera le produit
du diviseur par le quotient; d'où il suit qu'en
multipliant le dividende par un multiplicateur
quelconque, on aura le même résultat qu'en multipliant par ce multiplicateur le produit du diviseur et du quotient, ou bien le même résultat
qu'en multipliant le quotient par le produit du
diviseur et du multiplicateur quelconque (C. 9.);
donc ce quotient sera aussi celui de la division du produit du dividende et du multiplicateur par le produit du diviseur et du multiplicateur.

En suivant une marche tout-à fait semblable,
on prouverait aisément que, *si dans une division l'on multiplie le dividende par un certain nombre, l'on multipliera le quotient par
le même nombre.*

Nous disons de plus que, *si dans une division proposée l'on multiplie le diviseur par
un certain nombre, l'on divisera au con-*

traire le quotient par le même nombre.

Car si , après avoir multiplié le diviseur par
un multiplicateur quelconque, nous voulions
rendre le nouveau quotient égal à celui de la
division proposée, nous savons qu'il suffirait de
multiplier le dividende par le multiplicateur du
diviseur , et par suite de multiplier le nouveau
quotient par ce même multiplicateur ; donc ce
nouveau quotient doit être égal au premier
divisé par le multiplicateur du diviseur.

(5o) *Déterminer à moins de l'unité simple
le quotient de deux nombres périodiques donnés , savoir : le quotient de* 15, 68686868 ...
par 0, 004525252 ...

$$
\begin{array}{r|l}
15686{,}868686\ldots & 4{,}525252\ldots \\
15686{,}868686\ldots & 4{,}5252 \\
156868686{,}86\ldots & 45252 \\
\hline
211126 & 3466 \\
301188 & \\
296766 & \\
25254 &
\end{array}
$$

Si nous plaçons dans le diviseur la virgule
décimale après le premier chiffre significatif, et
que nous avancions cette virgule dans le dividende du même nombre de rangs , nous savons que nous ne changerons pas le quotient

des nombres proposés, et qu'ainsi ce quotient sera le même que celui de 15686, 86868... par 4, 525252..... Or si dans cette dernière division, pour rendre le diviseur plus grand que le dividende, l'on faisait avancer la virgule décimale jusqu'après le chiffre des dix-millièmes, il est clair que par ce moyen le quotient serait multiplié par 0, 0001, et qu'il deviendrait plus petit que 1 ; ainsi, à plus forte raison, ce quotient donnerait-il un produit plus petit que 1 si on le multipliait par la partie du diviseur à droite du chiffre des dix-millièmes. Mais le dividende 15686, 8686... se composant de ce produit plus petit que 1, et de son quotient multiplié par la partie 4, 5252 du diviseur, on voit, en divisant chacune de ses parties par 4,5252 (c. 9), que l'on aura deux quotients partiels, l'un plus petit que 1, et l'autre égal au vrai quotient de la division proposée ; le dividende 15686, 8686..., divisé ainsi, conduira donc à un résultat qui ne dépassera le vrai quotient que d'une partie d'unité, et qui sera par suite le quotient approximatif demandé. Or comme en effectuant la division, on trouve que ce dernier quotient doit être 3466 augmenté d'une partie *inconnue* d'unité, il est clair que ce quotient et 3465 augmenté de la partie inconnue d'unité, seront deux nombres entre lesquels sera compris le vrai quotient ; et puisque

3466 est aussi compris entre ces mêmes nombres qui ne diffèrent que de 1 , on voit que 3466 et le vrai quotient ne différeront pas entre eux d'une unité ; donc le nombre d'unités trouvé , 3466 , sera à moins de l'unité le quotient des deux nombres proposés.

Ces explications nous montrent comment l'on pourra toujours parvenir à trouver à moins de l'unité le quotient de deux nombres quelconques ; et si l'on se rappelle qu'arrivé à la division de 15686, 868686... par 4, 5252..., la virgule a été reculée dans le diviseur jusqu'après le chiffre qui rend ce nombre supérieur au dividende, et qu'ainsi on a dû avancer dans le dividende la virgule décimale de 4 rangs vers la gauche, alors on comprendra que l'on peut établir cette règle :

RÈGLE. Pour trouver à moins de l'unité le quotient de deux nombres périodiques , on transforme la division proposée en une autre dans laquelle le premier chiffre significatif du diviseur exprime des unités simples ; ensuite , ayant avancé la virgule dans le diviseur de manière à le rendre plus grand que le dividende, on avance la virgule dans ce dividende du même nombre de rangs , et l'on détermine à moins de l'unité le quotient des deux parties entières auxquelles on arrive ainsi.

Cette règle peut également fournir le moyen de calculer à moins de l'unité le quotient de deux nombres quelconques décimaux ou fractionnaires, par exemple celui de $\frac{342}{543}$ par $0,002434343$; car si le dividende était réduit en décimales, il est visible que son premier chiffre significatif exprimerait des dixièmes, et qu'il devrait par suite exprimer des centaines, si l'on voulait que le chiffre des millièmes du diviseur représentât des unités simples ; mais comme alors, en avançant la virgule de trois rangs dans le diviseur, ce nombre deviendrait à coup sûr plus grand que le dividende, et que la virgule du diviseur aurait été avancée en définitif de six rangs vers la droite, on peut voir qu'en prenant l'écriture de chaque nombre, d'abord proposé, avec six chiffres décimaux, il ne resterait plus, pour avoir le nombre demandé, qu'à déterminer le quotient entier des nombres ainsi obtenus, et regardés tous deux comme des nombres entiers.

(51) *Déterminer à moins d'une unité décimale donnée le quotient de deux nombres périodiques quelconques.*

Soit proposé de trouver à moins de $0,01$ le quotient de $156,868686\ldots$ par $452,5252\ldots$

Si au lieu de diviser le premier nombre par le second, on divisait un nombre cent fois plus grand, il est clair que l'on devrait rendre le nouveau quotient cent fois plus petit, afin d'avoir le quotient des nombres proposés. Or comme en opérant effectivement sur ce dividende rendu cent fois plus grand, on trouve que 3466 est le quotient à moins de l'unité, il s'ensuit que ce quotient et 3466 divisés par 100, ou regardés tous deux comme des nombres de centièmes, ne devront pas différer de 1 centième, et qu'ainsi 34, 66 sera à moins de 0, 01 le quotient de la division proposée. Nous voyons en conséquence que l'on peut établir cette règle :

RÈGLE. Pour trouver à moins d'une unité donnée le quotient de deux nombres, il faut, après avoir divisé le dividende par l'unité donnée, chercher à moins de l'unité simple le quotient de la nouvelle division, pour le multiplier ensuite par l'unité donnée.

Dans le quotient, 44, 66, précédemment calculé, le chiffre des centièmes pouvant dépasser celui du vrai quotient, il en résulte que les autres chiffres sont les seuls qui, à coup sûr, appartiennent au vrai quotient. On voit donc que si, d'après cette règle, on voulait calculer les cinq premières décimales du quotient, on devrait chercher ce quotient à moins de l'unité décimale qui a six chiffres décimaux.

Nous terminerons le calcul des nombres périodiques en observant que les raisonnemens dont nous nous sommes servis , pour déterminer le résultat d'une opération quelconque à moins d'une unité décimale , nous conduiraient également à déterminer le résultat de la même opération à moins d'une unité d'un ordre quelconque : on peut même remarquer , à l'égard de la soustraction et de la division , qu'il n'y aurait rien à changer aux règles qui ont été données. D'ailleurs, on reconnaîtra aisément que tout ce qui a été dit sur les nombres périodiques peut s'appliquer à des nombres décimaux finis ou à des nombres entiers, puisque ces nombres peuvent être considérés comme des nombres périodiques, ayant zéro pour période.

(52) *Un nombre incommensurable, quelle que soit son origine, peut toujours être considéré comme égal à un nombre décimal composé d'un nombre infini de chiffres.*

Car, après avoir retranché de ce nombre incommensurable toutes les unités entières qu'il renfermera, on pourra du reste retrancher toutes les parties égales à un dixième ; puis du nouveau reste , plus petit qu'un dixième, on pourra retrancher toutes les parties égales à un centième ; puis du dernier reste, tous les millièmes ; et ainsi de suite, sans qu'on puisse jamais arriver à un reste nul (XIX). On voit donc que lorsqu'on s'arrêtera, le nombre incommensurable pourra être envisagé comme composé de toutes les unités retranchées, et d'un reste plus petit que la dernière unité décimale soustraite ; d'où il suit, en concevant les soustractions indéfiniment continuées, qu'il existera un nombre décimal qui, considéré avec un nombre fini de chiffres, s'approchera autant qu'on voudra du nombre incommensurable, et qui s'en approchera d'autant plus que l'on prendra plus de ses chiffres, mais que ce n'est qu'en considérant ce nombre décimal pris avec une infinité de chiffres, que l'on aura la valeur exacte du nombre incommensurable, puisque ce n'est qu'alors qu'il n'y aura plus lieu à tenir compte d'un reste négligé.

(53) *Le produit de deux facteurs incommensurables ne change pas en changeant l'ordre de ses facteurs.*

Car si des deux produits que l'on peut former l'un était plus faible que l'autre, on conçoit qu'il serait possible d'imaginer, dans les deux facteurs, des parties décimales telles qu'en les multipliant, on obtiendrait un résultat si rapproché du plus fort des deux produits, qu'il dépasserait le plus faible ; et comme cela aurait lieu en multipliant ces parties décimales dans un ordre quelconque, il en résulterait qu'en multipliant les deux nombres incommensurables, on pour-

rait obtenir un produit plus faible qu'en multipliant seulement des parties de ces mêmes
nombres ; ce qui est absurde.

De ce principe , on peut conclure que
toutes les propositions démontrées dans le calcul des nombres commensurables , relativement
aux changemens d'ordre dans les multiplications,
doivent être admises dans le calcul des nombres
incommensurables ; et qu'il doit en être encore
de même pour toutes les propositions qui ne
s'appuient que sur ces changemens , et entre
autres pour les trois suivantes :

Si dans une division l'on multiplie le dividende et le diviseur par un même nombre, l'on
ne change pas le quotient.

Si dans une division l'on multiplie le dividende par un nombre quelconque , l'on multiplie le quotient par le même nombre.

Si dans une division l'on multiplie le diviseur
par un nombre quelconque , l'on divise le quotient par le même nombre.

Or comme un nombre fractionnaire n'est que
le quotient de son numérateur par son dénominateur, il est visible que des trois propositions précédentes, il résulte,

1.° *Que l'on ne change pas un nombre fractionnaire , lorsqu'on multiplie ses deux termes par un même nombre;*

2.° *Que l'on multiplie un nombre fraction-*

naire par un certain nombre , lorsque l'on multiplie son numérateur par ce nombre ;

3.° *Que l'on divise un nombre fraction-naire par un certain nombre , lorsque l'on multiplie ce dénominateur par ce nombre.*

On conçoit donc que , pour réduire des nombres fractionnaires au même dénominateur, il n'y aura qu'à suivre la même règle que pour les fractions ordinaires.

Tout ce que nous avons dit sur les nombres incommensurables , nous conduit encore à re-connaître que, lorsque nous pourrons déterminer les valeurs de ces nombres avec autant de chif-fres que l'on voudra , nous pourrons aussi exé-cuter sur eux toutes les opérations que nous sa-vons exécuter sur les nombres périodiques. D'ailleurs il est évident que pour savoir, dans chaque opération désignée , le nombre des chif-fres avec lesquels doit être prise l'écriture des nombres incommensurables , il suffira de le sa-voir pour les nombres périodiques qui com-menceront par les mêmes chiffres qu'eux. Ainsi, puisque pour déterminer à moins de o , 1 le produit de 135, 243243.... par 42 , 625625...., nous avons vu qu'il fallait prendre le premier facteur avec quatre chiffres décimaux et le se-cond facteur avec cinq ; il est visible que pour muliplier deux nombres incommensurables qui commenceraient , le premier par des centaines , et le second par des dixaines , il faudrait aussi calculer quatre décimales de l'écriture du premier et cinq de l'écriture du second. De plus, puisque dans la division de $156,8686\ldots$ par $452,5252\ldots$, il est aisé de reconnaître que pour trouver le quotient à moins de $0,01$, il faut prendre l'écriture du premier nombre avec quatre chiffres décimaux, et celle du second avec deux ; il est clair qu'il en sera encore de même , quand on voudra trouver à moins de $0,01$ le quotient de deux nombres incommensurables, dont les premiers chiffres significatifs , dans le dividende et le diviseur, seraient respectivement 1 et 4, et qui exprimeraient tous deux des unités de centaines ou de tout autre ordre. On peut observer que si le premier chiffre significatif du diviseur n'eût pas été plus grand que celui du dividende , il aurait alors fallu prendre l'écriture de chaque nombre avec une décimale de plus (C. 50).

(54) *Déterminer la somme de plusieurs nombres fractionnaires donnés.*

Puisque nous savons réduire les nombres fractionnaires au même dénominateur, tout revient évidemment à trouver la somme de ces nombres lorsqu'ils ont le même dénoimnateur. Soit donc, par exemple, à ajouter les expressions, $\frac{5,21\ldots}{2,17\ldots}$, $\frac{0,32\ldots}{2,17\ldots}$, $\frac{0,03\ldots}{2,17\ldots}$. Si l'on suppose que la somme des numérateurs soit 5, 56..., il est clair que la somme des nombres concrets de mètres 5^m, 21..., $0^m 32$..., $0^m, 03$..., sera $5^m, 56$....; donc la somme des produits $1^m. 5, 21..$, $1^m. 0, 32...$, $1^m. 0, 03...$, sera $1^m. 5, 56...$ Or rien n'empêche de supposer que la longueur de 1 mètre ne soit égale à $\frac{1 \text{ toise}}{2,17...}$; en conséquence, si, dans les produits précédens, nous remplaçons cette longueur de 1 mètre par sa nouvelle expression, il est clair que la somme des produits, $\frac{1 \text{ toise}}{2,17...}. 5, 21...$, $\frac{1 \text{ toise}}{2,17...}. 0, 32...$, $\frac{1 \text{ toise}}{2,17...}. 0,03...$, sera égale à $\frac{1 \text{ toise}}{2,17...}. 5, 56...$; d'où il suit que la somme des nombres concrets $\frac{5 \text{ toi. } 21}{2,17...}$, $\frac{0 \text{ toi. } 32...}{2,17...}$, $\frac{0 \text{ toi., } 03...}{2,17}$, égalera $\frac{5 \text{ toi., } 56...}{2,17...}$; mais le numérateur de cette dernière expression est la somme même des numérateurs des expressions ajoutées; d'ailleurs, dans chacun de ces nombres, on peut substituer à l'unité de toise toute autre unité concrète, et par suite l'unité simple ; par conséquent l'on voit que la somme des nombres fractionnaires donnés s'obtiendra en ajoutant les numérateurs entre eux, et en donnant à la somme le dénominateur commun.

De là nous conclurons que, dans les nombres commensurables ou incommensurables, pour diviser un nombre quelconque, 5, 56..., par un autre 2, 17..., on peut diviser par ce dernier nombre chaque partie du premier, puis réunir ensuite les quotients partiels ; et comme nous prouverons plus tard (57) que diviser un nombre par un autre, c'est multiplier le premier par cet autre renversé, on voit aussi que pour multiplier un nombre quelconque par un autre, on pourra multiplier par ce dernier nombre chaque partie du premier, puis réunir ensuite les produits partiels. Il est visible en outre que rien n'empêcherait de démontrer ce dernier principe de la même manière que le précédent.

(55) *Déterminer la différence de deux nombres fractionnaires donnés : par exemple, des nombres* $\frac{5,56\ldots}{2,17\ldots}$ et $\frac{3,21\ldots}{2,17\ldots}$.

Si l'on suppose que la différence des numérateurs de ces nombres, soit 2, 35..., il est clair que la différence des nombres concrets $5^{m}, 56\ldots$ et $3^{m}, 21\ldots$ sera $2^{m}, 35\ldots$; donc la différence des produits $1^{m}. 5, 56\ldots$ et $1^{m}. 3, 21\ldots$, sera $1^{m}. 2, 35\ldots$ Or rien n'empêche de supposer 1^{m} égal à $\frac{1 \text{ toise}}{2,17\ldots}$, et de substituer, dans les produits précédens, cette nouvelle expression à 1^{m} ; on verra donc que la différence des produits $\frac{1 \text{ toise}}{2,17}. 5, 56\ldots$ et $\frac{1 \text{ toise}}{2,17\ldots}. 3, 21\ldots$ sera égale à $\frac{1 \text{ toise}}{2,17\ldots}. 2, 35\ldots$; d'où il suit que la différence des nombres concrets $\frac{5 \text{ toi.}, 56\ldots}{2,17\ldots}$ et $\frac{3 \text{ toi.}, 21\ldots}{2,17\ldots}$ égalera $\frac{2 \text{ toi.}, 35\ldots}{2, 17\ldots}$; si donc nous observons que, $2^{\text{toi.}}, 35\ldots$ est la différence des numérateurs des nombres soustraits, et que d'ailleurs l'on peut substituer à l'unité de toise toute autre unité concrète, et par suite l'unité simple, nous verrons sans peine que la différence de deux nombres fractionnaires s'obtiendra en soustrayant les numérateurs entre eux, et en donnant à la différence le dénominateur commun.

Mais nous aurions pu parvenir plus rapidement à la démonstration de cette règle en observant que le nombre calculé d'après elle, $\frac{2,35\ldots}{2,17\ldots}$, doit visiblement, ajouté au plus petit nombre $\frac{3,21\ldots}{2,17\ldots}$, donner une somme égale au plus grand $\frac{5,56\ldots}{2,17\ldots}$; d'où il suit que le nombre calculé doit exprimer la différence cherchée, et que la règle employée est bien celle que l'on doit suivre dans la soustraction des nombres fractionnaires de même dénominateur.

(56) *Déterminer le produit de deux nombres fractionnaires donnés : par exemple, des deux nombres* $\frac{5,56\ldots}{2,07\ldots}$, $\frac{2,43\ldots}{2,17\ldots}$.

Puisque pour multiplier une unité concrète quelconque par $\frac{2,43\ldots}{2,17\ldots}$, on peut évidemment multiplier cette unité par le numérateur 2,43... (2), et diviser le résultat par le dénominateur 2, 17..., il s'ensuit que pour multiplier une grandeur quelconque, et par suite un nombre quelconque, $\frac{5,56\ldots}{3,27\ldots}$, on pourra multiplier cette grandeur, ou ce nombre, par le numérateur 2, 43.., et diviser le résultat par le dénominateur 2, 17...; ainsi donc pour multiplier $\frac{5,56...}{2,07...}$ par $\frac{2,43...}{2,17...}$, on pourra multiplier le numérateur de la première fraction par 2, 43..., et multiplier le dénominateur 2, 07... du résultat par 2, 17...; d'où nous voyons que pour multiplier les nombres fractionnaires proposés, il n'y aura qu'à multiplier les numérateurs entre eux, et les dénominateurs entre eux, comme pour les fractions ordinaires.

Autrement. Puisque le produit, $\frac{2\,\text{mètre}, 43...}{2,17...}$, de 1 $^{\text{mèt.}}$ par $\frac{2,43...}{2,17...}$, peut s'obtenir en multipliant 1 $^{\text{mèt.}}$ par 2 , 43..., et en divisant le résultat par 2 , 17..., on voit, en supposant 1 $^{\text{mèt.}}$ égal à $\frac{5\,\text{pie}, 26...}{2,07...}$, que, pour multiplier cette longueur par le multiplicateur $\frac{2,43...}{2,17...}$, on pourra multiplier $\frac{5\,\text{pie}, 26...}{2,07...}$ par 2 , 43..., et diviser le résultat par 2 , 17. Or il est visible qu'il en sera encore ainsi lorsqu'on remplaçera, dans $\frac{5\,\text{pic}, 26...}{2,07...}$, la longueur de 1 pied par une unité concrète quelconque, et en conséquence par l'unité simple; d'où il suit, en se rappelant les règles précédentes (c. 53.), que, pour multiplier le nombre $\frac{5,26...}{2,07...}$ par $\frac{2,43...}{2,17...}$, il n'y aura qu'à multiplier les numérateurs entre eux et les dénominateurs entre eux.

(57) *Déterminer le quotient de deux nom-*

bres fractionnaires donnés : par exemple,
de $\frac{5,56\ldots}{3,27\ldots}$ divisé par $\frac{2,43\ldots}{2,17\ldots}$.

Il est manifeste que l'on ne changera pas le quotient cherché en multipliant le dividende et le diviseur par le diviseur renversé $\frac{2,17\ldots}{2,43\ldots}$ (49). Le produit du diviseur par le diviseur renversé se réduisant à 1, on voit alors que le quotient cherché s'obtiendra en divisant seulement par 1 le produit du dividende par le diviseur renversé ; donc ce dernier produit sera le quotient cherché : d'où il suit que, pour diviser deux nombres fractionnaires quelconques, il suffit de multiplier le dividende par le diviseur renversé.

Comme nous venons de prouver que dans le calcul des nombres fractionnaires, on doit suivre les mêmes règles que pour les fractions ordinaires, il en résulte que toutes les propositions qui ont été déduites de ces règles, dans le calcul des entiers et des fractions, doivent aussi être admises pour les nombres fractionnaires. La théorie des proportions peut donc ainsi être regardée comme démontrée pour toutes sortes de nombres.

De l'identité de ces règles, nous pouvons également conclure qu'il nous serait facile de démontrer, pour des facteurs quelconques, toutes les propositions démontrées précédemment sur le changement d'ordre dans les multiplications et les divisions. Car s'il s'agissait, par exemple,

de prouver qu'en divisant par 3,47.... un fac‑
teur quelconque d'un produit, on divise le
produit lui‑même par 3, 47... , comme nous
aurions préalablement fait voir qu'un produit
ne change pas en changeant l'ordre de ses fac‑
teurs, et, par suite, en réunissant en un seul
facteur les facteurs que l'on voudrait, nous
observerions alors que diviser par 3,47.... le
produit supposé, c'est multiplier ce produit
par $\frac{1}{3,47...}$; d'où l'on verrait, en réunissant ce
dernier facteur à un facteur quelconque du
produit, qu'effectivement multiplier un produit
par $\frac{1}{3,47...}$, revient à multiplier l'un quelconque
de ses facteurs par $\frac{1}{34,7...}$, ou à diviser ce facteur
par 3, 47 . . .

*De l'extraction des Racines carrées et cubiques des
nombres. Du calcul des Racines.*

DÉFINITIQNS.

XXI. Le *carré* d'un nombre, ou *sa seconde
puissance*, est le produit de ce nombre par lui‑
même : de là il suit que le carré d'une fraction
s'obtiendra en élevant chaque terme au carré : il
en résulte encore que le carré d'un produit s'ob‑
tiendra en élevant chaque facteur au carré; car,
par exemple, pour multiplier par lui‑même le
produit des facteurs 12,3.., 4,61.., 0,005..,

0,07..., on voit que l'on pourra commencer par multiplier entre eux les facteurs égaux , et, en conséquence , par élever au carré chacun des facteurs du produit proposé.

XXII. Un nombre est carré *parfait*, lorsqu'il est le carré d'un entier.

XXIII. Le *plus grand carré* contenu dans un nombre, est le plus grand de tous les carrés parfaits qui ne dépassent pas ce nombre.

XXIV. La *racine carrée* d'un nombre est un autre nombre qui multiplié par lui-même reproduit le premier ; le carré d'un nombre a ce nombre pour racine : la racine d'un nombre a ce nombre pour carré.

XXV. La racine *entière* d'un nombre est la partie entière de la racine, ou le nombre des unités entières contenues dans cette racine.

XXVI. La racine d'un nombre *à moins de l'unité* , est un autre nombre qui ne diffère de la racine du premier que d'une quantité plus faible que cette unité.

XXVII. Le *cube* d'un nombre , ou *sa troisième puissance*, est le produit de ce nombre multiplié deux fois de suite par lui-même. Le cube d'un nombre peut donc s'obtenir en multipliant ce nombre par son carré. On voit aussi que le cube d'une fraction s'obtiendra en élevant chaque terme au cube, et que le cube d'un produit s'obtiendra en élevant chaque facteur au cube.

XXVIII. Un nombre est un cube *parfait*, lorsqu'il est le cube d'un entier.

XXIX. Le *plus grand cube* contenu dans un nombre, est le plus grand de tous les cubes parfaits qui ne dépassent pas ce nombre.

XXX. La *racine cubique* d'un nombre est un autre nombre qui multiplié deux fois de suite par lui-même reproduit le premier : le cube d'un nombre a ce nombre pour racine cubique. La racine cubique d'un nombre a ce nombre pour cube. Le cube de la racine cubique d'un nombre est donc la même chose que la racine cubique du cube de ce nombre.

PROPOSITIONS.

(58) *Le carré d'un entier quelconque... 27, est égal au carré du nombre inférieur, augmenté du double de ce nombre et de l'unité.*

Car cet entier quelconque... 27, se composant du nombre inférieur... 26 et de l'unité, il est visible que l'on obtiendra son carré en multipliant chacune de ses deux parties, d'abord par le nombre inférieur... 26, puis par l'unité. Or la multiplication par... 26 donnera évidemment, pour produits partiels, le carré de... 26 et une fois... 26; d'ailleurs la multiplication par l'unité donnera une fois... 26 et une fois l'unité; d'où il suit, en rassemblant tous les produits partiels, et en réunissant ceux qui peuvent l'être, que le carré de l'entier ... 27 se compose du carré du nombre inférieur...26, de deux fois ce nombre inférieur et de l'unité; ce qu'il fallait prouver.

On conçoit que ce résultat pourrait encore s'exprimer en disant que *la différence des carrés de deux nombres consécutifs, se compose du double du plus petit nombre et de l'unité.*

Puisqu'il est visible que la différence entre les carrés de deux nombres consécutifs contiendra toujours plusieurs unités, il s'ensuit qu'entre ces mêmes carrés se trouveront toujours compris plusieurs nombres entiers, et que le plus petit de ces carrés sera précisément le plus grand carré contenu dans l'un quelconque de ces entiers. En outre l'on voit que la grandeur de cette différence peut servir à reconnaître si un carré donné est le plus grand carré contenu dans un nombre donné; car s'il arrivait, par exemple, qu'en retranchant d'un nombre donné le carré de... 26 on parvînt à une différence inférieure au double de... 26, plus un; il est clair que le carré de... 27 serait supérieur au nombre donné, et qu'ainsi le carré de.... 26 serait le plus grand de tous les carrés contenus dans le nombre donné.

(59) *Le carré d'un nombre, qui a des dixaines et des unités, est égal au carré des dixaines, augmenté du double produit des dixaines par les unités, et du carré des unités.*

Puisque ce nombre se compose de ses dixaines et de ses unités, il est visible que l'on obtiendra son carré en multipliant chacune de ses deux parties, d'abord par les dixaines, puis par les unités. Or la multiplication par les dixaines donnera pour produits partiels *le carré des dixaines, et le produit des dixaines par les unités*; ensuite la multiplication par les unités donnera *le produit des dixaines par les unités et le carré des unités;* d'où l'on voit, en réunissant les divers produits partiels, que le carré du nombre proposé se composera du carré des dixaines, du double des dixaines par les unités, et du carré des unités.

D'après cela, le carré d'un nombre quelconque... 327 se composera donc de... 320 fois ...320, de 2 fois...320 par 7, et de 7 fois 7. Or l'on peut observer que les deux dernières parties du carré s'obtiendront visiblement en multipliant 7 par le double du nombre des dixaines suivi de 7, c'est-à-dire, par...647 ; par suite on conçoit que nous pourrons toujours considérer le carré d'un nombre qui a des dixaines et des unités comme se composant de deux parties ; l'une égale *au carré des dixaines*, et l'autre égale *au produit du chiffre des unités par le double du nombre des dixaines suivi de ce chiffre d'unité.*

Observons de plus, relativement à ce carré de...327, que le carré d'un *nombre de dixaines*, s'obtenant en ajoutant deux zéros à droite du carré *du nombre de ses dixaines*, il en résulte que si l'on changeait en d'autres chiffres les deux derniers chiffres du carré de...327, la racine du résultat, devrait pouvoir se déduire du nombre ...327 sans changer ses dixaines, puisque ce dernier changement n'influerait que sur les centaines du carré de ce nombre...327 ; on entrevoit donc dès-lors que si des nombres avaient les mêmes centaines, leurs racines devraient avoir les mêmes dixaines ; toutefois, afin de ne rien laisser à désirer sur l'évidence de ce résultat, nous observerons qu'il est encore démontré par la proposition que précéde la suivante.

(60) *Déterminer la racine carrée d'un nombre quelconque de deux chiffres, ou du moins la racine entière de ce nombre.*

D'abord, si le nombre donné est un carré parfait (XXII), il sera facile de le reconnaître de suite, et d'assigner en même tems le chiffre qui en sera la racine exacte. Mais si le nombre donné n'est pas un carré parfait, comme 59 par exemple, alors on reconnaîtra encore de suite qu'il est compris entre les carrés des deux nombres consécutifs 7 et 8, et qu'en conséquence sa racine sera comprise entre les nombres 7 et 8, ou bien qu'elle sera égale à 7 plus une partie d'unité; d'où il suit que 7 sera la racine entière de 59, ou bien la racine de 59 à moins de l'unité (XXV et XXVI).

Par cet exemple, nous voyons que la racine du plus grand carré contenu dans un nombre plus petit que 100, donnera toujours la racine entière de ce nombre; mais il est aisé de voir que cela aura également lieu pour un nombre quelconque; car quelle que soit la grandeur du nombre donné, si on le compare successivement à chacun des carrés des nombres de la suite naturelle, en commençant par les plus faibles, il est évident que l'on finira par reconnaître que ce nombre est inférieur à l'un de ces carrés, à celui de...26 par exemple; et comme alors ce nombre sera compris entre les carrés de...26 et de...25, on conçoit que sa racine sera comprise entre les nombres...25 et..26; cette racine sera donc..25 plus une partie d'unité; d'où l'on voit que ..25, racine du plus grand carré contenu dans le nombre donné, sera la racine entière de ce nombre.

(61) *Si on ajoute deux chiffres quelconques à droite d'un nombre donné, la racine
du résultat contiendra autant de dixaines
qu'il y a d'unités dans la racine du nombre
donné :* ainsi en admettant que ... 68 soit le
nombre d'unités de la racine de ... 4678, je
dis qu'il y aura 68 dixaines dans la racine
de...4678 suivi de deux chiffres quelconques,
de 53 par exemple.

Car il est visible que le nombre...4678 sera
compris entre les carrés de...68 et de...69,
et qu'ainsi les ... 4678 centaines du nouveau
nombre ... 467853, seront comprises entre les
carrés de..680 et de..690 ; mais ces...4678
centaines étant dépassées au moins d'une cen-
taine par le carré de...690, le nombre ..
..467853 sera évidemment compris lui-même
entre les carrés de ...680 et de ... 690 ; donc
sa racine sera comprise entre les racines .. 680
et...690 de ces carrés; donc la racine du nouveau nombre renfermera..68 dixaines, et pas
davantage.

(62) *Connaissant la racine d'un nombre
quelconque, déterminer celle d'un autre
nombre qui aurait deux chiffres de plus :* ainsi,
par exemple, ayant reconnu que 68 est la racine entière de 4678, passons à la détermina-

tion de la racine entière de 467853.

Puisque 68 exprime les unités de la racine de 4678, nous savons que 68 exprimera les dixaines de la racine cherchée, en conséquence nous n'avons plus qu'à trouver les unités de cette racine. Pour y parvenir, observons que cette racine doit, élevée au carré, reproduire le nombre proposé 467853, et qu'ainsi, en supposant ce nombre un carré parfait, il devra se composer de deux parties, savoir : du carré des dixaines, et du produit du chiffre des unités par le double du nombre des dixaines suivi de ce chiffre, (c. 59) c'est-à-dire, par 136 suivi du chiffre des unités ; si donc, du nombre proposé, on retranche le carré de 680, il est clair que le reste sera le produit du chiffre cherché par 136 suivi de ce chiffre ; d'où il suit qu'en divisant ce reste par 136 suivi du chiffre cherché, on devra obtenir ce dernier chiffre au quotient. Mais puisque la différence de 4678 au carré de 68 est 54, il est visible que la différence de 467853 au carré de 680 sera 5453 ; donc c'est en divisant 5453 par 136 suivi du chiffre des unités, que l'on aura pour quotient ce même chiffre d'unités. Or, dans cette division, le quotient ne peut être plus petit que celui des nombres 543 et 136, ou des nombres 5 et 1, qui expriment des unités du même ordre dans les nombres à diviser ; donc le chiffre cherché

ne peut être plus grand que 5 , et sera par suite
ou 5 , ou un chiffre plus faible.

$$\begin{array}{r|l} 467853 & 683 \\ 5453 & \overline{136345} \\ 1364 & \end{array}$$

Mais si le chiffre 5 est celui des unités, alors
136 suivi de 5 , ou 1365 , sera le diviseur ; or
comme en essayant 5 pour quotient, on trouve
que ce chiffre est trop fort , il s'ensuit que le
chiffre des unités ne peut être que 4 , ou un
chiffre plus faible.

Mais si 4 est le chiffre des unités, 1364 sera
donc le diviseur ; or comme en essayant 4 pour
quotient on le trouve trop fort , il en résulte
que le chiffre des unités sera 3 , ou un chiffre
plus faible.

Enfin , essayant le chiffre 3 , il est facile de
reconnaître que le produit de 3 par 1363 peut
être retranché de 5354, et même que l'on obtient
1364 pour différence ; 1364 sera donc aussi la
différence du nombre proposé au carré de 683.
Ainsi, puisque cette différence ne dépasse pas
le double de 683 , et que d'ailleurs la soustraction des parties du carré de 684 n'a pas été
possible, lorsqu'on a essayé le chiffre 4, il est
clair que le nombre proposé 467853 est compris entre les carrés de 683 , et de 684 ; d'où

il suit que 683 doit être sa racine entière, ou sa racine à moins de l'unité.

Nous remarquerons ici qu'ayant d'abord commencé la recherche de la racine demandée, en supposant que le nombre proposé était un carré parfait, nous avons été conduits ensuite, par l'essai du chiffre 3, à reconnaître tout à la fois que notre supposition était fausse, et que c'était le chiffre 3 qu'il fallait réunir aux 68 dixaines pour obtenir la racine entière demandée ; ce qui nous a dispensé de tout autre raisonnement. Dailleurs comme l'on pourrait suivre la même marche dans tout autre exemple, il en résulte que, *connaissant la racine entière d'un nombre et la différence de ce nombre au carré de cette racine, l'on obtiendra la racine entière d'un nombre de deux chiffres de plus en écrivant, à droite de la première, le quotient entier que l'on trouverait en divisant la différence, suivie des deux nouveaux chiffres, par le double de la racine connue, suivi luimême du quotient à calculer.*

Puisque, au moyen de cette règle, nous saurons maintenant déterminer la racine entière d'un nombre qui aura deux chiffres de plus qu'un autre, lorsque nous connaîtrons la racine entière de cet autre nombre, on comprend que pour trouver la racine d'un entier quelconque on n'aura qu'à suivre cette nouvelle règle :

RÈGLE. Pour déterminer la racine entière d'un entier quelconque, il faut, en allant de droite à gauche, partager ce nombre en tranches de deux chiffres, la dernière pouvant n'en contenir qu'un seul ; puis ensuite il faut, en allant de gauche à droite, extraire la racine entière de la première tranche, ainsi que celle de chacun des nombres que l'on obtient en réunissant successivement à la première tranche chacune des tranches suivantes.

L'exemple suivant suffira pour faire connaître la disposition que l'on peut d'ailleurs donner au calcul dans l'exécution de cette règle.

46'78'53'28	6839
1078	1289
5453	136345
136428	13669
13407	

Si l'on observe que les différentes tranches que l'on doit former d'après la règle précédente, fourniront chacune un chiffre à la racine, nous en conclurons aisément que le nombre des chiffres de la racine d'un entier donné, est égal au nombre des tranches de deux chiffres que l'on peut former dans cet entier.

14

(63) *La racine entière d'un entier accom-*
pagné d'une fraction, est égale à la racine
entière de cet entier.

Car il existera deux nombres consécutifs dont
les carrés seront, l'un contenu dans l'entier
proposé, et l'autre supérieur à cet entier ; or
ce carré supérieur dépassant l'entier au moins
d'une unité, sera par suite plus grand que cet
entier augmenté d'une fraction ; ainsi l'entier
proposé et cet entier joint à une fraction, seront deux nombres compris entre les mêmes
carrés de deux nombres consécutifs ; d'où il
suit que leurs racines auront pour partie entière
le plus petit de ces nombres consécutifs, et, par
conséquent, que la racine entière de l'entier
accompagné d'une fraction, sera égale à la racine entière de l'entier.

De là il résulte que la partie entière de la
racine d'un entier accompagné d'une fraction,
est égale à la racine du plus grand carré contenu dans l'entier (C. 60).

(64) *Si la racine d'un entier n'est pas un*
entier, cette racine sera un nombre incom-
mensurable.

Car autrement la racine de l'entier devant
alors égaler une fraction ordinaire irréductible,
l'entier lui-même serait le carré de cette frac-

(107)

tion ; d'où il suivrait (c 63) que le carré du numérateur d'une fraction irréductible serait divisible par le carré de son dénominateur , et
conséquemment par son dénominateur lui-même
(c. 7.) ; ainsi ce dénominateur ne serait donc pas
premier avec le produit de deux facteurs égaux
à un numérateur premier avec lui (26) ; ce qui
est absurde ; donc il est absurde de supposer
que la racine dont il s'agit ne soit pas incommensurable.

(65) *Déterminer la racine d'une fraction
donnée , ou d'un nombre fractionnaire donné.*

Puisque pour élever au carré un nombre
fractionnaire, il suffit d'élever chacun de ses termes au carré, on conçoit que, pour avoir la
racine d'une fraction, ou d'un nombre fractionnaire, il devra suffire d'extraire la racine
carrée de chacun de ses termes.

Premier Cas. Supposons d'abord que les
deux termes de l'expression fractionnaire soient
des carrés.

Premier exemple. Soit à extraire la racine
carrée de $\frac{49}{144}$. Puisque les racines des nombres 49
et 144 sont respectivement 7 et 12 , il est clair
que $\frac{7}{12}$ sera la racine de $\frac{49}{144}$.

Deuxième exemple. Soit à extraire la racine
de l'expression $\frac{\frac{9}{4}}{\frac{25}{64}}$. Puisque les racines des nom-

bres $\frac{9}{4}$ et $\frac{25}{64}$ sont respectivement égales à $\frac{3}{2}$ et à $\frac{5}{8}$, évidemment la racine cherchée pourra être exprimée par $\frac{3|2}{5|8}$.

DEUXIÈME CAS. Supposons que le dénominateur seul soit un carré.

Premier exemple. Soit à extraire la racine carrée de $\frac{67}{36}$. Puisque 6 est la racine de 36, on voit que c'est en divisant par 6 la racine de 67 que l'on obtiendra le nombre cherché ; mais la racine de 67 étant 8, plus une portion d'unité, son quotient par 6 sera visiblement égal a $\frac{8}{6}$, plus une portion d'unité à diviser par 6 (C. 54.) ; et par suite égal à $\frac{8}{6}$, plus un quotient moindre que $\frac{1}{6}$; donc $\frac{8}{6}$ sera la racine de $\frac{67}{26}$, à moins de $\frac{1}{6}$.

Deuxième exemple. Soit à extraire la racine carrrée de $7\frac{3|5}{64}$.

Puisque 8 est la racine de 64, c'est en divisant par 8 la racine de $7\frac{3}{5}$ que nous aurons la racine cherchée ; mais la racine entière de 7 étant 2, il est évident que la racine de $7\frac{3}{5}$ sera 2 plus une portion d'unité (63) ; d'où l'on voit, en divisant par 8 chaque partie de cette racine, que la racine cherchée sera $\frac{2}{8}$, plus une portion d'unité à diviser par 8 ; elle sera donc $\frac{2}{8}$, plus un nombre moindre que $\frac{1}{8}$; d'où il suit que $\frac{2}{8}$ sera la racine de $7\frac{3|5}{64}$ à moins de $\frac{1}{8}$.

Troisième exemple. Soit à extraire la racine carrée de $\frac{6,24}{\frac{49}{16}}$.

Puisque le dénominateur $\frac{49}{16}$ a $\frac{7}{4}$ pour racine, nous aurons donc la racine cherchée en divisant par $\frac{7}{4}$ la racine de 6, 24, qui est visiblement 2 plus une portion d'unité ; d'où l'on voit, en divisant chaque partie de cette racine par $\frac{7}{4}$, que la racine demandée sera $\frac{2}{\frac{7}{4}}$, plus une portion d'unité à diviser par $\frac{7}{4}$; elle sera donc $\frac{2}{\frac{7}{4}}$, plus un nombre moindre que $\frac{1}{\frac{7}{4}}$ ou que $\frac{4}{7}$.

D'après ces exemples nous conclurons que, *lorsque le dénominateur d'une expression fractionnaire sera le carré d'un certain nombre, on aura, à moins de l'unité divisée par ce nombre, la racine de l'expression fractionnaire, en divisant par la racine de son dénominateur la racine entière de son numérateur.*

Troisième Cas. Supposons enfin que les deux termes de la fraction, ou de l'expression fractionnaire, soient des nombres quelconques.

Soit proposé, par exemple, d'extraire la racine carrée de $\frac{5}{11}$. Si l'on extrayait la racine de chaque terme à moins de l'unité, il est visible que nous n'aurions la racine demandée que par approximation ; mais comme cette approximation serait inconnue, il est naturel, pour éviter cet inconvénient, de transformer la fraction $\frac{5}{11}$

en une autre dont le dénominateur soit un carré parfait. Or, puisque $\frac{5}{11}$ est égal à $\frac{5.11}{11.11}$, et que la racine entière du numérateur 5 . 11 ou 55, est égale à 7, on reconnaîtra sans peine que $\frac{7}{11}$ sera à moins de $\frac{1}{11}$ la racine carrée de la fraction proposée.

Cet exemple suffit pour nous faire voir que, *nous aurons la racine d'une fraction à moins de son unité fractionnaire, en divisant par son dénominateur la racine entière du produit de ses deux termes.* Si donc l'on nous proposait de trouver la racine carrée de l'expression fractionnaire $\frac{5,42}{3\frac{1}{7}}$, on conçoit que nous devrions d'abord chercher à convertir cette expression en une fraction ordinaire, puisque nous saurions alors trouver la racine demandée à moins d'une unité fractionnaire connue.

(66) *Déterminer la racine d'une fraction, ou d'une expression fractionnaire, à moins d'une unité fractionnaire donnée.*

Soit à extraire la racine de 3,05 à moins de $\frac{1}{8}$. Transformant le nombre 3, 05 en une expression fractionnaire dont le dénominateur soit le carré de 8, nous aurons évidemment pour résultat $\frac{3,05.64}{64}$; et l'on voit aussi qu'en divisant par 8 la racine entière du numérateur, 3, 05.64, on aura le nombre demandé; or puisque 195 est la partie entière du produit 3 , 05.64, et qu'en outre , 195 a 13 pour racine ; $\frac{13}{8}$ sera donc la racine cherchée.

Comme dans tout autre exemple , on pourra suivre une marche parfaitement semblable , on comprend que , *pour avoir la racine d'un nombre donné à moins d'unité fractionnaire , il faut calculer la partie entière du produit du nombre donné par le carré du dénominateur de l'unité fractionnaire , puis prendre la racine entière de l'entier calculé, pour la diviser par le dénominateur de l'unité fractionnaire donnée.*

Ainsi, pour trouver à moins de $\frac{1}{3}$ la racine du nombre périodique 52, 343434..., nous calculerons d'abord la partie entière du produit de ce nombre par 9 ; or comme en déterminant le produit à 0, 1 près (c. 48.), on trouvera 471, 1 pour résultat, il s'ensuit que 471 sera l'entier cherché ; ce sera donc de ce nombre qu'il faudra prendre la racine entière, pour la diviser par 3 ; et puisque le calcul donne 21 pour cette racine entière ; $\frac{21}{3}$ sera donc la racine demandée.

De même, si l'on nous proposait de trouver à moins de $\frac{1}{7}$ la racine du nombre $\frac{23,424242\ldots}{4,353535\ldots}$, nous devrions d'abord calculer la partie entière que donnerait ce nombre multiplié par le carré de 7 , ou par 49 ; ce que nous pourrions faire en déterminant , à 0, 1 près (51), le quotient de

49. 23 , 424242... par le dénominateur 4, 3535.... Or il est facile de reconnaître que le produit du numérateur 23, 424242... par 49 renfermera tout au plus une unité de mille, puisque 30 multiplié par 50 donne 1500; de plus, si l'on divisait par le nombre périodique 4, 353535... un nombre périodique commençant par 1 mille, comme 1568,686868..., il est visible qu'il faudrait, pour déterminer le quotient à moins de 0, 1, prendre le diviseur avec quatre décimales et le dividende avec cinq (C. 51.); par conséquent, on conçoit que nous sommes conduits par-là à déterminer d'abord les cinq premières décimales du produit de 49 par le numérateur 23, 424242..., afin de diviser ensuite le résultat par 4, 3535, abstraction faite toutefois des virgules décimales (C. 51.). Mais puis qu'en déterminant la valeur de ce produit à 0, 000001, on trouve 1146, 787869 pour résultat, il s'ensuit donc que 114678786 sera l'entier que l'on devra diviser par 43535, pour obtenir à moins de 0, 1 le nombre des dixièmes du produit de l'expression proposée par 49. Ce calcul effectué nous donnant 263, 4 pour quotient, nous en conclurons que 263 est la partie entière cherchée. Extrayant en conséquence la racine entière de ce nombre 263, ce qui donne 16, et divisant cette racine par celle de 49, il s'ensuit que le quotient $\frac{16}{7}$ sera le nombre demandé.

Pour vérifier ce résultat nous observerons que les nombres périodiques $23,424242\ldots$ et $4,353535\ldots$ sont respectivement égaux aux fractions ordinaires $\frac{2319}{99}$ et $\frac{431}{99}$, dont le quotient $\frac{2319}{431}$, sera évidemment égal à l'expression proposée $\frac{23,424242\ldots}{4,353535\ldots}$. Or si pour extraire la racine de $\frac{2319}{431}$ à $\frac{1}{3}$ près, nous multiplions son numérateur par 49, ce qui nous conduira à $\frac{113631}{431}$, il sera facile de reconnaître que 263 est aussi la partie entière de cette fraction, et qu'en conséquence ce sera encore de ce nombre qu'il faudra prendre la racine entière, afin d'avoir, dans le quotient de cette racine par 7, le nombre que nous voulions retrouver.

Enfin, si l'on nous proposait d'extraire à moins de $\frac{1}{6,5252}$ la racine du même nombre $\frac{25,424242\ldots}{4,353535\ldots}$, il est manifeste, $\frac{1}{6,525252\ldots}$ étant plus grand que $\frac{1}{7}$, que nous n'aurions qu'à extraire cette racine à $\frac{1}{7}$ près, et qu'ainsi $\frac{16}{7}$ serait encore le nombre demandé.

(67) *Déterminer la racine d'un nombre donné à moins d'un autre nombre donné.*

Cherchons, par exemple, la racine de $\frac{23}{8}$ à moins de $\frac{4}{7}$. Puisque $\frac{4}{7}$ est la même chose que l'unité fractionnaire $\frac{1}{\frac{7}{4}}$, nous transformerons d'abord $\frac{23}{8}$ en une expression fractionnaire ayant pour dénominateur $\frac{7}{4}\cdot\frac{7}{4}$, et comme le résultat de ce calcul sera $\dfrac{8\frac{103}{128}}{7\frac{1}{4}\cdot 7\frac{1}{4}}$, on voit qu'en divisant par $\frac{7}{4}$ la racine de 8, nous aurons dans le quotient $\frac{2}{7\frac{1}{4}}$, ou $\frac{8}{7}$, le nombre qu'il fallait trouver.

Si nous observons qu'un nombre quelconque est égal à une unité fractionnaire, dont ce nombre renversé serait le dénominateur, cet exemple et la règle précédente suffiront pour nous faire comprendre que, *pour avoir la racine d'un nombre à moins d'un autre, il n'y aura qu'à calculer la partie entière du produit du premier nombre par le carré du second renversé, et à extraire la racine de l'entier calculé, pour le multiplier par le second nombre lui-même.*

On peut d'ailleurs obtenir d'autres solutions du problême proposé, en remarquant que, pour le résoudre, il suffit évidemment de trouver la racine de ce nombre à moins de $\frac{1}{7}$: ainsi comme la racine de $\frac{23}{8}$ à $\frac{1}{7}$ près est $\frac{11}{7}$, il en résulte que la racine cherchée ne dépassera pas de $\frac{4}{7}$ le nombre $\frac{11}{7}$, ni même les nombres que l'on aurait en diminuant $\frac{11}{7}$ tour-à-tour des nombres $\frac{1}{7}$, $\frac{2}{7}$, $\frac{3}{7}$, et qu'ainsi les nombres $\frac{11}{7}$, $\frac{10}{7}$, $\frac{9}{7}$, $\frac{8}{7}$ doivent être chacun la racine de $\frac{23}{8}$ à $\frac{4}{7}$ près. On pourrait encore obtenir une autre solution, en observant que $\frac{4}{7}$ est la même chose que $\frac{1}{1\frac{2}{4}}$, et qu'il est par suite plus grand que $\frac{1}{2}$; d'où il suit que $\frac{2}{3}$, racine de $\frac{23}{8}$ à moins de $\frac{1}{2}$, sera à plus forte raison la racine de $\frac{23}{8}$ à moins de $\frac{1}{7}$: on peut voir, en outre, que cette dernière solution $\frac{2}{3}$, qui a l'expression la plus simple, s'obtient aussi par le calcul le plus simple.

(68) *Déterminer la racine carrée d'un nombre décimal.*

Premier exemple. Soit à extraire la racine carrée du nombre décimal 56, 821454. Puisque ce nombre est égal à la fraction $\frac{56821454}{1000000}$, dont le dénominateur est le carré de 1000, nous savons qu'en divisant par 1000 la racine entière du numérateur 56821454, on devra nécessairement obtenir la racine de la fraction à $\frac{1}{1000}$ près (2.me CAS. 65) ; ainsi puisque 7538 est la racine entière de ce numérateur, ou du nombre décimal proposé, abstraction faite de la virgule, il s'ensuit que $\frac{7538}{1000}$, ou 7, 538, sera la racine demandée à moins de 0, 001.

Deuxième exemple. Soit encore à extraire la racine d'un nombre décimal 56, 82145. Puisque ce nombre est égal à la fraction $\frac{5682145}{100000}$, dont le dénominateur n'est pas un carré parfait, alors on voit qu'en ajoutant un zéro à droite du nombre proposé, ce nombre deviendra 56, 821450, et qu'il sera égal à une fraction $\frac{56821450}{1000000}$, dont le dénominateur sera le carré de

1000 ; d'où il suit qu'en divisant par 1000 , le nombre 7538 , qui est la racine entière du numérateur 56821450 , on devra encore avoir , dans le résultat 7 , 538 , la racine demandée à 0,001 près.

On peut remarquer, dans ces exemples, que l'unité décimale qui marque l'approximation obtenue , renferme deux fois moins de chiffres décimaux que le nombre décimal proposé ; en conséquence, *lorsqu'un nombre décimal sera écrit avec un nombre pair de décimales , ce qui pourra toujours se faire par l'addition d'un zéro sur la droite , on comprend qu'en extrayant la racine entière de ce nombre , sans faire attention à la virgule , et en plaçant , dans l'entier trouvé , une virgule à gauche de deux fois moins de chiffres qu'il n'y a de décimales dans le nombre donné , on obtiendra alors la racine de ce nombre à moins d'une unité décimale ayant aussi deux fois moins de décimales que lui.*

(69) *Déterminer la racine d'un nombre quelconque à moins d'une unité décimale donnée.*

Proposons-nous, par exemple, d'extraire à moins de 0,01 la racine carrée du nombre périodique 56,82141414... Si nous transformons ce nombre en une expression fractionnaire, dont le dénominateur soit le carré de celui de l'unité fractionnaire égale à l'unité donnée 0,01, il est clair que l'on parviendra à l'expression $\frac{568214,1414}{10000}$ ..., et que l'on aura sa racine en divisant par 100 la racine du numérateur 568214, 1414... Mais il est aisé de trouver que la racine de ce numérateur est égale à 753, plus une portion d'unité; par conséquent l'on voit, en divisant par 100 chaque partie de cette racine, que la racine de l'expression fractionnaire, égale au nombre périodique donné, sera $\frac{753}{100}$, plus une portion d'unité à diviser par 100; elle sera donc $\frac{753}{100}$, plus un nombre moindre que $\frac{1}{100}$; ainsi le nombre 7,53 sera la racine de 56,821414... à 0,01 près.

Si l'on observe qu'un nombre commensurable en décimales peut être exprimé par un nombre périodique ayant zéro pour période, on reconnaîtra sans peine que, pour extraire à moins d'une unité décimale donnée la racine d'un nombre commensurable ou incommensurable en décimales, on n'aura qu'à suivre cette règle : *on prendra d'abord l'écriture de ce nombre avec deux fois autant de chiffres décimaux que dans l'unité décimale donnée ; ensuite on extraira la racine entière du nombre ainsi préparé, sans faire attention à la virgule ; puis l'on placera la virgule, dans l'entier trouvé, à gauche d'autant de chiffres que l'unité donnée contient de décimales.*

OBSERVATIONS SUR LE CALCUL DES RACINES CARRÉES. Puisque nous savons actuellement déterminer les racines carrées des nombres avec autant de décimales qu'on voudra, nous saurons donc aussi exécuter sur ces racines toutes les opérations que nous savons exécuter sur les nombres décimaux périodiques. Toutefois, la multiplication et la division de ces sortes de nombres sont susceptibles de simplifications qu'il est bon de faire connaître. Remarquons d'abord que si l'on avait à élever au carré le produit de la racine de 3 par la racine 5, on aurait le produit 3.5 pour résultat; mais la racine du produit 3.5, élevée au carré, donne encore 3.5 pour résultat; donc il faut que le produit de la racine de 3 par celle de 5 soit égale à la racine du produit 3.5. Si donc l'on voulait déterminer à $\frac{1}{100}$ près le produit de la racine de 3 par la racine de 5, il n'y aurait qu'à déterminer à $\frac{1}{100}$ près la racine de 3.5, ce qui serait beaucoup plus simple que le procédé direct.

Ainsi, en général, lorsque nous voudrons déterminer par approximation le produit de la racine d'un nombre par celle d'un autre nombre, nous voyons qu'il suffira de déterminer la racine du produit de ces deux nombres avec la même approximation.

Si, dans la multiplication de 4 par la racine de 3, on observait que 4 est la racine carrée de 4 fois 4 ou de 16, il est clair qu'au lieu d'effectuer cette multiplication on pourrait multiplier la racine de 16 par celle de 3, ou bien calculer la racine de 16 fois 3; mais il est des cas où cette transformation d'opération ne doit pas être employée; car si, par exemple, on avait à déterminer à moins de $\frac{1}{10}$ le produit de la racine de 0,0036 ... par le nombre 7,27089, il est manifeste qu'au lieu d'extraire à $\frac{1}{10}$ près la racine du produit 0,0036 ... par le carré de 7,27089, il serait alors plus simple de suivre la règle de la multiplication des nombres périodiques; ce que l'on pourrait d'ailleurs faire très facilement, lorsque la racine carrée de 0,0036 ... serait calculée avec les trois premières décimales, puisque, si l'on se rappelle cette règle (48), on doit voir qu'il n'y aurait plus qu'à déterminer à $\frac{1}{10}$ près le produit de la racine calculée par le nombre 7,27.

La division donne lieu à des remarques semblables. D'abord, comme la racine d'une fraction s'obtient en extrayant la racine de chaque terme, il est clair que la racine du quotient de deux nombres égalera la racine du divivende divisée par la racine du diviseur. Si donc on proposait de trouver à moins de 0,01 le quotient de la racine de 7 par la racine de 5, on voit qu'il n'y aurait qu'à déterminer à 0,01 près la racine du quotient $\frac{7}{5}$.

Si, dans la division de 8 par la racine de 5, on observe que 8 est la racine de 64, on comprendra qu'au lieu de diviser 8 par la racine de 5, on pourra diviser la racine de 64 par celle de 5, ou bien prendre la racine du quotient $\frac{64}{5}$. Mais cette transformation d'opération n'est pas toujours aussi avantageuse; car si l'on voulait, par exemple, trouver à moins de l'unité le quotient de la racine de 0,0362131 par 0,097835 ..., il est visible qu'au lieu d'extraire à une unité près la racine du quotient de 0,032131 par 0,097835 ..., il pourrait être plus court de suivre la règle de la division des nombres périodiques; puisque, si l'on observe que le premier chiffre de la racine de 0,032131 sera 1 dixième, on peut reconnaître qu'il n'y aurait qu'à calculer cette racine avec trois décimales, et à diviser le résultat par 0,097 (C. 51), en s'arrêtant aussitôt après la détermination des unités simples du quotient.

(70) *Déterminer le cube d'un nombre qui contient des dixaines et des unités.*

Puisque le cube d'un nombre peut s'obtenir en multipliant ce nombre par son carré, il est évident que le cube cherché s'obtiendra en multipliant tour-à-tour, par les dixaines et unités du nombre proposé, le carré même de ce nombre, ou chaque partie de ce carré, savoir : le carré des dixaines, le double des dixaines par les unités et le carré des unités. Or, la multiplication de ces trois parties par les dixaines donne ces trois produits partiels : *le cube des dixaines, deux fois le produit du carré des dixaines par les unités, et le produit des dixaines par le carré des unités.* D'ailleurs, la multiplication des trois parties par les unités donne ces trois autres produits partiels : *le produit du carré des dixaines multiplié par les unités, deux fois le produit des dixaines par le carré des unités, et le cube des unités.*

Donc, en rassemblant ces six produits partiels, et en réduisant ceux qui peuvent l'être, on voit que le cube d'un nombre composé de dixaines et d'unités contient quatre parties, savoir : *le cube des dixaines, trois fois le carré des dixaines multiplié par les unités, trois fois les dixaines multipliées par le carré des unités, et enfin le cube des unités.*

On prouverait, à l'aide d'un raisonnement semblable, que le cube d'un entier quelconque contient quatre parties : *le cube du nombre entier inférieur, le triple carré de ce nombre inférieur, le triple du même nombre, et l'unité.*

(71) *Déterminer la racine cubique d'un nombre quelconque de trois chiffres, ou du moins la racine entière de ce nombre.*

Puisque les cubes des dix premiers nombres sont respectivement 1, 8, 27, 64, 125, 216, 343, 512, 729 et 1000, on voit d'abord, si le nombre donné est un cube parfait, qu'il sera facile d'assigner le chiffre qui en sera la racine. Mais si ce nombre donné n'est pas un cube parfait, comme par exemple 426, alors on reconnaîtra aussitôt qu'il est compris entre les cubes des deux nombres consécutifs 7 et 8, et qu'en conséquence sa racine sera comprise entre les nombres 7 et 8, ou bien qu'elle sera égale à 7, plus une partie d'unité ; d'où il suit que 7 sera la racine entière de 426, ou la racine de 426 à moins de l'unité.

Par cet exemple, nous voyons que la racine du plus grand cube contenu dans un nombre plus petit que 1000 donnera toujours la racine entière de ce nombre. Or, non-seulement il est visible que cela aura lieu pour un nombre aussi grand que l'on voudra, mais l'on peut même voir qu'en calquant l'une de nos démonstrations précédentes (63), l'on prouverait sans peine que la partie entière de la racine d'un entier accompagné d'une fraction, doit encore être donnée par la racine du plus grand cube contenu dans l'entier.

(73) *Si l'on ajoute trois chiffres quelconques à droite d'un nombre donné, la racine cubique du résultat contiendra autant de dixaines qu'il y a d'unités dans la racine cubique du nombre donné.*

Ainsi, en admettant que .. 83 soit le nombre d'unités de la racine de ... 582198, je dis qu'il y aura .. 83 dixaines dans la racine de ... 582198692.

Car il est visible que le nombre ... 581198 sera compris entre les cubes de .. 83 et de .. 84, et qu'ainsi les ... 582198 mille du nouveau nombre ... 582198692 seront compris entre les cubes de .. 830 et de .. 840 ; le nouveau nombre sera donc compris lui-même entre ces mêmes cubes ; donc sa racine sera comprise entre les racines .. 830 et .. 840 de ces cubes ; donc la racine du nouveau nombre renfermera .. 83 dixaines, et pas davantage.

(73) *Connaissant la racine cubique d'un nombre, déterminer celle d'un autre nombre qui aurait trois chiffres de plus.*

Ainsi, par exemple, ayant reconnu que 83 est la racine de 584200, passons à la détermination de la racine entière de 584200185.

```
584200185 |  835        836           835
 571787   |             836           835
――――――――  |――――        ――――          ――――
 124131.85| 20667      5016          4175
          | 6          2508          2505
                       6688           6680
                       ――――――        ――――――
                       698896        697255
                          836           835
                       ――――――        ――――――
                       4193376       3486125
                       2096688       2091675
                       5591168       5577800
                       ――――――――      ――――――――
                       584277056     582182875
```

Puisque 83 exprime les unités de la racine de 584200, nous savons que 83 exprimera le nombre des dixaines de la racine cubique cherchée, et qu'en conséquence nous n'avons plus qu'à trouver les unités de cette racine. Pour y parvenir, observons que cette racine doit, élevée au cube, reproduire le nombre proposé 584200185, et qu'ainsi ce nombre contiendra le cube des dixaines de sa racine, le triple carré de ces dixaines multiplié par les unités cherchées, plus deux autres parties. Si donc, du nombre proposé on retranche le cube de 830, il est clair que le reste sera plus grand que le triple carré des dixaines multiplié par les unités cherchées; d'où il suit qu'en divisant ce reste par le triple carré des dixaines, ou de 830, on aura pour quotient entier un nombre qui ne pourra être plus faible que le chiffre cherché, et qui, par suite, sera égal à ce chiffre, ou plus grand que lui.

Mais puisque la différence du premier nombre 584200 à 571787, cube de 83, est égale à 12413, il est visible que la différence du nouveau nombre 584500185 au cube de 830 sera 12413185; d'où il suit que l'on aura un nombre au moins égal au chiffre cherché, en prenant le quotient entier de la division de la dernière différence par 2066700, triple carré de 830 ; ou en prenant le quotient entier de la division du nombre des centaines de cette différence par 20667, triple carré de la racine connue, 83. Or comme, en effectuant la division de 124131 par 20667, on trouve 6 au quotient, il en résulte que le chiffre cherché sera 6, ou un chiffre plus faible, et, en conséquence, que la racine demandée sera 836, ou un nombre plus faible. Mais 836 élevé au cube donne pour résultat 584277056, qui est plus fort que le nombre proposé; donc la racine de ce nombre ne pourra pas être plus grande que 835; et comme 835 élevé au cube donne pour résultat 582182875, qui est plus faible que le nombre proposé, il est évident que 835 sera la racine entière demandée; car alors le nombre proposé étant compris entre les cubes de 836 et de 835, sa racine devra être comprise entre 836 et 835.

Si, après avoir observé que deux des nouveaux chiffres, 8 et 5, ont été inutilement abaissés, l'on cherche ensuite à résumer le procédé que nous venons d'expliquer, on comprendra que, connaissant la racine entière d'un nombre donné, il n'y aura qu'à suivre la marche suivante, pour parvenir à la racine entière d'un autre nombre de trois chiffres de plus que le premier.

1.° Retrancher du premier nombre le cube de la racine connue, et abaisser à droite du reste le premier des trois nouveaux chiffres; 2.° diviser le résultat par le triple carré de la racine connue; 3.° écrire à droite de la racine connue le plus fort des chiffres qui ne dépassent pas le quotient trouvé, pourvu que le cube du nombre ainsi obtenu soit compris dans le nouveau nombre donné, auquel cas ce nombre obtenu sera la racine entière demandée.

REMARQUE. Au lieu de prendre pour diviseur le triple carré de la racine connue, peut-

être serait-il mieux de diviser par ce triple carré,
augmenté du nombre des dixaines données par
le triple de la racine connue. Du moins en agissant ainsi, dans le calcul précédent, on trouve
de suite 5 pour quotient entier, ce qui dispense
de former le cube de 836.

Puisque, connaissant la racine cubique d'un
nombre, nous saurons maintenant déterminer
celle d'un autre nombre ayant trois chiffres
de plus, nous concevons que pour trouver la
racine cubique entière d'un entier quelconque,
on pourra suivre cette règle :

*Pour déterminer la racine entière d'un
entier quelconque, il faut, en allant de
droite à gauche, partager ce nombre en
tranches de trois chiffres, la dernière pouvant n'en contenir qu'un ou deux ; puis ensuite il faut, en allant de gauche à droite,
extraire la racine entière de la première
tranche, ainsi que celle de chacun des autres nombres que l'on formerait en réunissant successivement à la première tranche
chacune des tranches à droite.*

L'extraction suivante fera d'ailleurs connaître la disposition que l'on peut donner au calcul. Nous remarquerons dans cet exemple que
les diviseurs égaux aux triples carrés de 83
et de 835 sont donnés de suite, sans les cal-

culer exprès, parce que ces triples carrés entrent comme produits partiels dans les cubes de 83 et de 835, à cause du chiffre 3 que renferment ces nombres.

```
582'198'692'732 | 8350            83            835
512             |                 83            835
--------        |----             ----          ----
  701           | 192             249           4175
                |   3             664           2505
                |                 ----          ----
582198          |                 6889          6680
571787          |                   83          ----
------          |                 ----          697225
 104116         | 20667           20667          835
                |----             -----         -------
                |   5             55112         3486125
582198692       |                 571787        2091675
582182875       |                               5577800
---------       |                               ---------
   158167       | 2091675                       582182875
                |--------
                |       0
```

Ce calcul nous montre que la racine cubique du nombre 582198692732 n'est pas un nombre entier ; et, en se rappelant un des raisonnemens précédens (64), il serait aisé de prouver que cette racine n'est pas non plus un nombre fractionnaire, et qu'ainsi elle est incommensurable. Ce calcul nous montre encore que la racine entière du nombre donné renferme autant de chiffres que ce nombre donné renferme de tranches de trois chiffres : il est manifeste qu'il en serait de même dans tout autre exemple ; car, d'après les explications précédentes, nous

savons que chaque tranche de trois chiffres
doit fournir un chiffre à la racine.

(74) *Déterminer la racine cubique d'un
nombre quelconque, fractionnaire ou décimal.*

Premier Exemple. Soit proposé d'extraire
la racine cubique de $\frac{15\frac{1}{5}}{3}$. Si nous transformons cette expression en une autre, dont le
dénominateur soit le cube de de 3, ce qui
nous donne $\frac{136\frac{4}{5}}{3.3.3}$, alors nous verrons qu'en
divisant par 3 la racine cubique de $136\frac{4}{5}$, on
devra obtenir la racine demandée. Or nous savons que la racine entière de $136\frac{4}{5}$ est égale
à la racine entière de 136 (c. 72), et par suite
égale au nombre 5; ainsi la racine de $136\frac{4}{5}$
sera 5, plus une portion d'unité; d'où il suit,
en divisant chacune de ces parties par la racine 3, que la racine demandée sera $\frac{5}{3}$, plus
une portion d'unité à diviser par 3. Donc $\frac{5}{3}$ sera
la racine demandée à $\frac{1}{3}$ près.

Si nous remarquons que 136 est la partie entière du produit du numérateur de la fraction
donnée par le carré de son dénominateur, nous
reconnaîtrons que, *pour avoir la racine d'un
nombre fractionnaire à moins de son unité
fractionnaire, il faut diviser par son dénominateur la racine entière de la partie en-*

17

tière contenue dans le produit du numérateur par le carré du dénominateur.

2.ᵉ *Exemple.* Proposons d'extraire la racine cubique du nombre décimal 0,5842001. Puisque ce nombre est égal à une fraction ordinaire, $\frac{5842001}{10000000}$, dont le dénominateur n'est pas un cube parfait, nous ajouterons d'abord deux zéros à sa droite; et comme, par ce moyen, il deviendra égal à la fraction $\frac{584200100}{1000000000}$, dont le dénominateur est le cube de 1000, on conçoit qu'en divisant par 1000 la racine entière 835 du numérateur, on aura, dans le quotient 0,835, la racine demandée à 0,001 près.

Ainsi, lorsqu'un nombre décimal sera écrit avec un nombre de décimales, multiple de 3, ce qui pourra toujours se faire en ajoutant un ou deux zéros, on comprend, par cet exemple, *qu'en extrayant la racine entière de ce nombre, sans faire attention à la virgule, et en plaçant dans, l'entier trouvé, une virgule à gauche de trois fois moins de chiffres qu'il n'y a de décimales dans le nombre donné, on obtiendra alors la racine de ce nombre à moins d'une unité décimale, ayant trois fois moins de décimales que ce même nombre donné.*

(75) *Déterminer la racine cubique d'un*

nombre quelconque à moins d'une unité quel-
conque donnée.

Premier Exemple. Soit à extraire la racine
cubique de 35,345 , à $\frac{1}{5}$ près. Pour y parvenir , nous multiplierons et diviserons le nombre proposé par le cube du dénominateur
de $\frac{1}{5}$, ce qui nous donnera $\frac{125.35,345}{125}$; et alors il
est visible qu'en divisant par 5 la racine entière
de toute la partie entière contenue dans le produit 125.35,345 , nous devrons obtenir un
quotient égal à la racine cubique de 35,345
à $\frac{1}{5}$ près.

De là nous conclurons que, *pour avoir la*
racine cubique d'un nombre à moins d'une
unité fractionnaire, il faut calculer la partie
entière du produit du nombre donné par le
cube du dénominateur de l'unité fraction-
naire, puis prendre la racine entière de l'en-
tier calculé, pour la diviser par le dénomi-
nateur de l'unité fractionnaire donnée.

2.e *Exemple.* Cherchons enfin, à 0,01 près,
la racine cubique de $\frac{12294}{2997}$. Si nous cherchons la
valeur décimale de ce nombre avec plus de
trois fois autant de décimales que l'unité donnée 0,01 , nous arriverons à 4,43243243.....;
et comme, en transformant ce nombre en une
expression fractionnaire , dont le dénominateur
soit le cube de celui de $\frac{1}{100}$, nous obtiendrons

pour résultat $\frac{4432432,43\ldots}{1000000}$; nous en conclurons que l'on aura le nombre demandé en divisant par 100 la racine entière de l'entier 4432432.

Par cet exemple, et par ce qui a été dit sur les racines carrées (69), il doit nous être prouvé que, pour obtenir à moins d'une unité décimale la racine cubique d'un nombre commensurable ou incommensurable en décimales, il n'y aura qu'à suivre cette marche :

1.° *Prendre l'écriture de ce nombre avec trois fois autant de décimales que dans l'unité donnée ;* 2.° *extraire la racine entière du nombre ainsi préparé, sans faire attention à la virgule ;* 3.° *placer la virgule, dans l'entier trouvé, à gauche d'autant de chiffres qu'il y a de décimales dans l'unité donnée.*

Si l'on observe que tout *nombre donné* peut être mis sous la forme d'une unité fractionnaire, il est évident que rien ne nous empêcherait de trouver les racines cubiques des nombres à moins de tout *nombre donné ;* d'ailleurs, l'on voit que l'on parviendrait encore au même but en extrayant ces racines à moins de l'unité du premier chiffre significatif qu'aurait ce *nombre donné* traduit en décimal, ou à moins de toute autre unité plus faible que ce nombre donné.

OBSERVATION SUR LE CALCUL DES RACINES.
Puisque nous pouvons actuellement calculer les

racines carrées et cubiques des nombres avec autant de décimales que nous voudrons, nous saurons donc opérer sur ces nombres comme sur les nombres périodiques, et, par conséquent, extraire même leurs racines carrées et cubiques à moins de toute approximation donnée. De plus, si, dans les multiplications et divisions des racines cubiques entre elles, nous nous rappelons ce qui a été dit sur le calcul des racines carrées (C. 69), nous comprendrons aisément que, lorsque nous aurons à déterminer le produit ou le quotient des racines cubiques de deux nombres, il nous suffira de déterminer la racine cubique du produit ou du quotient de ces deux nombres. Mais nous devons aussi comprendre que, si nous voulions multiplier ou diviser ensemble des racines carrées et des racines cubiques, nous ne pourrions y parvenir, maintenant, sans avoir recours aux règles données dans le calcul des nombres incommensurables en décimales.

FIN.

ADDITIONS.

Page 11, *après la septième ligne, on pourra continuer ainsi :*

Supposant 1^{metre} égal au produit de 2^{lignes} par 5 par 4 par 8 par 6, et substituant ce nombre de lignes à 1^{metre}, dans les produits précédens, il est évident que le produit de

2^{lignes} par 4 par 8 par 6 *par* 9 *par* 5 par 7 par 3 sera aussi égal au produit de

2^{lignes} par 4 par 8 par 6 *par* 9 *par* 5 par 7 par 3;

d'où l'on voit, en passant aux produits abstraits semblables, que le produit de

2 par 4 par 8 par 6 *par* 9 *par* 5 par 7 par 3 est effectivement égal à celui de

2 par 4 par 8 par 6 *par* 5 *par* 9 par 7 par 3 : ce qu'il restait à prouver.

PROPOSITION HUITIÈME.

Afin de mieux satisfaire au renvoi (C₅ 8) *de la* page 71, ligne dernière, *on aurait pu, après la* cinquième ligne *de la* page 16, *ajouter ce qui suit* :

Nous admettrons aussi qu'on ne change pas un produit de plusieurs fractions lorsque, multipliant un de ses facteurs par une fraction, on divisera un autre facteur par la même fraction ; car il est évident qu'il suffira de prouver qu'on multiplie un produit .... $\frac{2}{3} \cdot \frac{4}{5} \cdot \frac{1}{8} \cdot \frac{5}{7}$ par une fraction $\frac{9}{11}$, lorsqu'on multiplie l'un de ses facteurs par $\frac{9}{11}$; ou bien de prouver que, pour former un produit .... $\frac{2}{3} \cdot \frac{4}{5} \cdot \frac{5}{7} \cdot \frac{9}{11}$, on peut réunir, par voie de multiplication, le dernier facteur $\frac{9}{11}$ avec l'un quelconque des autres facteurs : proposition accordée par l'alinéa précédent, et que l'on démontrerait, au surplus, comme dans le cas des facteurs entiers (5).